# #STAYATHOME
# DAS KOCHBUCH

↳ ALLE REZEPTE FÜR 2 UND 4 PERSONEN

**DER SURVIVAL GUIDE GEGEN HUNGER**

# VORWORT

Wenn extreme Situationen dafür sorgen, dass manche Dinge **nicht mehr ihren gewohnten Gang gehen können,** sorgt das vielerorts für Verunsicherung und Beunruhigung.

Kein Wunder: Leere Supermarktregale, Ausgangsbeschränkungen oder gar -Sperren, geschlossene Restaurants, Quarantänefälle und das Reduzieren all unserer sozialen Kontakte **schränken unser persönliches Leben und den Alltag in derartigen Krisenzeiten gehörig ein.**

Aber: Alle Maßnahmen werden nicht ohne Grund getroffen.

Und jeder von uns kann in Zeiten von Pandemien, Epidemien und anderen Ausnahmesituationen seinen Beitrag dazu leisten, **sich selbst und seine Liebsten zu schützen.**

**#stayathome** ist eine klare Botschaft, die sich jeder von uns in solchen Fällen zu Herzen nehmen sollte, um unser aller Willen.

Egal ob freiwillig oder nicht: Wer zuhause bleibt, muss sich natürlich auch versorgen. Und damit Sie sich jetzt aber nicht wochenlang von Dosen-Ravioli oder Nudeln mit Pesto ernähren müssen, **haben wir für Sie dieses Notfall-Kochbuch erstellt.**

Neben einer Übersicht wie Sie Ihre **Lebensmittel richtig lagern,** enthält dieses Buch eine **Vielzahl an Rezepten,** die sich mit alldem zubereiten lassen, was Sie in Ihrer Vorratskammer oder Ihrem Gefrierfach bereits besitzen: Einfach, ausgewogen und überraschend abwechslungsreich.

Ob Sie sich nun zu zweit oder mit Ihrer Familie zusammen in Quarantäne begeben: Alle Rezepte sind sowohl für **2- als auch 4-Personen-Haushalte** angegeben und ersparen Ihnen somit lästige Umrechnungen.

Als Zusatzkapitel finden Sie auf den vorderen Seiten zudem **Wissenswertes zu Infektionskrankheiten** und mit welchen Tipps Sie sich am besten davor schützen können.

Hände richtig waschen und Viren keine Chance geben: So geht's!

Wohin mit all den Lebensmitteln Ihres letzten Supermarktstreifzugs? So lagern Sie alles richtig

Kein Lieferservice nötig: Kochen Sie sich Ihre Lieblingsgerichte einfach immer selbst

Frühstück, Snacks, Vor- und Hauptspeisen: So einfach und raffiniert zubereitet!

Und keine Sorge, Krisenzeiten haben irgendwann mal ein Ende.

**BLEIBEN SIE ZUHAUSE, GESUND UND MUNTER!**

# INHALT

## WISSENSWERTES
Gut zu wissen Infektionskrankheiten 6
Corona, Grippe & Erkältung –
eine Übersicht 8
Die 10 wichtigsten
Hygiene-Tipps 10
Das richtige Händewaschen 12

## REZEPTE
Lebensmittel richtig lagern 16
Empfehlungen 18
… in der Speisekammer 18
… im Gefrierfach 19

### FRÜHSTÜCK
Müsli Bircher Art 20
Pudding mit Orangen 22
Porridge mit Apfel & Zimt 24
Baked Oatmeal mit Nüssen 26
Süße Sonntagsmuffins mit Beeren 28
Frühstücksbrötchen 30

## SNACKS & STARTER
Knuspriges Baguette 32
Kichererbsenmus aus dem Ofen 34
Toast Hawaii 36
Würzige Knabber-Kichererbsen 38
Rote-Bete-Caprese 40

## SUPPEN & EINTÖPFE
Kürbissuppe mit Ingwer & Kokos 42
Grüne Frühlings-Minestrone 44
Tomatensuppe mit Basilikum 46
Linsensuppe mit Speck 48
Kartoffelsuppe mit Würstchen 50

## VEGETARISCH
Chili sin carne mit Couscous 52
Artischockenreis mit Kräutern 54
Nudeln mit Kräuterpesto 56
Kartoffelstrudel mit Sauerkraut 58
Spaghetti Bolognese mit Linsen 60
Fruchtiger Dattelreis 62
Penne „ai funghi" 64
Einfache Pizza 66
Spinat-Frischkäse-Nudeln 68

PORRIDGE MIT APFEL UND ZIMT, S. 24

## FLEISCH & FISCH

| | |
|---|---|
| Spaghetti „al pomodoro" | 70 |
| Kroatische Feuerpfanne mit Sauerkraut | 72 |
| Linguine „alla puttanesca" | 74 |
| Indisches Hähnchen | 76 |
| Marokkanische Calamari | 78 |
| Spargel-Risotto mit Lachs | 80 |
| Rindergulasch mit Penne | 82 |

## SÜSSES

| | |
|---|---|
| Klebreis mit Früchten | 84 |
| Quark-Brûlée mit Mandarinen | 86 |
| Grießauflauf mit Aprikosen | 88 |
| Kastenkuchen mit weißer Schokolade | 90 |
| Schokoladige Bohnen-Brownies | 92 |
| Bananen-Schoko-Muffins | 94 |

TOAST HAWAII, S. 36

INDISCHES HÄHNCHEN, S. 76

## VIREN

### DEFINITION

Sie schleusen ihr Erbgut in die Wirtszellen anderer Lebewesen ein und bringen sie dazu, nur noch Viruspartikel zu produzieren.

## BAKTERIEN

### DEFINITION

Sie sind die einfachste Lebensform auf unserem Planeten, vermehren sich im Organismus, ohne dessen Zellen zu zerstören.

### GEMEINSAMKEITEN

- Kleine Organismen
- Unsichtbar für das menschliche Auge
- Kein wahrnehmbarer Geruch
- Erkennbar durch auftretende Krankheitssymptome

### UNTERSCHIEDE (Viren)

1. Verbreiten sich durch Übertragung
2. Sind immun gegen Antibiotika. Ein Impfstoff mit Virostatika (antiviralen Medikamenten) kann helfen.
3. Benötigen Zellen anderer Lebewesen um zu überleben
4. Zwischen 22 und 330 Nanometern groß

### UNTERSCHIEDE (Bakterien)

1. Vermehren sich eigenständig
2. Können mit Antibiotika behandelt werden
3. Sind Lebewesen
4. Bis zu 2 Mikrometer groß und damit 100 mal größer als Viren

### BEISPIELE (Viren)

Influenza, Corona, Erkältung

### BEISPIELE (Bakterien)

Streptokokken, Tuberkulose, Keuchhusten

# GUT ZU WISSEN
# INFEKTIONSKRANKHEITEN

Sie begegnen uns täglich, so gut wie jeder hatte schon mal mit ihnen unfreiwillig zu tun: Viren und Bakterien. Beide können uns krank machen, und oft sind die Krankheitssymptome, die sie verursachen, sehr ähnlich. Doch behandeln lassen sie sich nicht mit den gleichen Methoden. Was ist der Unterschied zwischen einer viralen und einer bakteriellen Infektion?

Eine Behandlung mit Antibiotika ist bei einer viralen Infektion nicht möglich. Bei einer Erkrankung versucht das Immunsystem den Erreger zu bekämpfen. Entsprechende Impfstoffe können einige Vireninfektionen verhindern, allerdings nicht alle. Zum Beispiel existiert für die saisonale Grippe (Influenza) eine Impfung, die vor allem für Personen aus Risikogruppen (Patienten über 60 Jahre und/oder mit chronischen Erkrankungen, wie z.B. Herzkrankheiten oder Diabetes mellitus) sinnvoll sein kann. Zu berücksichtigen ist hierbei, dass sich die Grippeviren jährlich verändern können, mit der Folge, dass der Impfstoff jedes Jahr neu produziert werden muss.

Eine weitere Schwierigkeit stellen neue Viruserkrankungen wie das Ende 2019 ausgebrochene Coronavirus dar. Hierbei handelt es sich um eine Atemwegsinfektion, das Virus charakterisiert sich durch seine grippeähnlichen Symptome und die Art der Ansteckung. Übertragen wird es über Tröpfcheninfektion; die Inkubationszeit kann zwischen 2 und 14 Tagen liegen. Was sonst über das Virus bekannt ist: Normalerweise ist der Krankheitsverlauf recht milde. Das Ansteckungsrisiko ist allerdings hoch. Erschwerend kommt hinzu, dass die Erkrankung durch das Virus für Personen, die einer Risikogruppe angehören, also Personen >60 Jahren und Menschen mit Vorerkrankungen, schwerwiegend und sogar tödlich verlaufen kann.

# CORONA, GRIPPE & ERKÄLTUNG ...

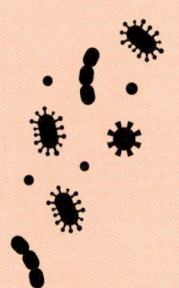

## GRIPPE

## ERKÄLTUNG

**GEMEINSAMKEIT: ÜBERTRAGUNGSWEG**

Atemwegsinfektionen, die über direkten Kontakt mit Erkrankten oder über Tröpfcheninfektion weitergegeben werden

**INKUBATIONSZEIT**

Startet schnell

**SYMPTOME**

Typisch für eine Influenza-Infektion, also eine Grippe, sind neben trockenem Husten und plötzlich einsetzendem, oft hohem Fieber auch ein starkes Krankheitsgefühl sowie Kopf-, Muskel- und Gelenkschmerzen.

**GEMEINSAMKEIT: ÜBERTRAGUNGSWEG**

Atemwegsinfektionen, die über direkten Kontakt mit Erkrankten oder über Tröpfcheninfektion weitergegeben werden

**INKUBATIONSZEIT**

Verläuft schleichend

**SYMPTOME**

Oft schmerzt zunächst nur der Hals, der Husten kommt in der Regel erst später dazu. Man fühlt sich zwar krank, aber nicht so vollkommen kraftlos wie bei einer echten Grippe.

# ... EINE ÜBERSICHT

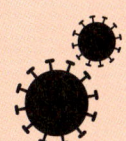

 **CORONA**

### GEMEINSAMKEIT: ÜBERTRAGUNGSWEG

Atemwegsinfektionen, die über direkten Kontakt mit Erkrankten oder über Tröpfcheninfektion weitergegeben werden

### INKUBATIONSZEIT

Bis zu 2 Wochen

### SYMPTOME

Grippeähnliche Symptome, vor allem Fieber, Husten und Atemnot. Es kann zu Atemproblemen bis hin zu einer Lungenentzündung kommen.

Letztendlich ist es bei allen Erkrankungen, viral oder bakteriell, notwendig, sich über entsprechende Schutzmaßnahmen zu informieren.

**Auf den Seiten 10–13** finden Sie Informationen darüber, was Sie tun können, um sich und Ihre Mitmenschen vor Infektionen zu schützen.

## HEILUNG

Die Behandlung ist bei diesen Krankheiten symptomatisch. Im Grunde kann man nur auf das Immunsystem des Körpers und seine Abwehrreaktion gegen die verschiedenen Erreger vertrauen. Dabei helfen Ruhe, viel Wasser trinken. Nach Beratung durch einen Arzt können bei Bedarf fiebersenkende Medikamente eingenommen werden.

# DIE 10 WICHTIGSTEN HYGIENETIPPS

Viele Erreger wie Viren und Bakterien begegnen und häufig im Alltag. Einfache Hygienemaßnahmen tragen dazu bei, sich und andere vor ansteckenden Infektionskrankheiten zu schützen.

## 1 REGELMÄSSIG HÄNDEWASCHEN

- beim nach Hause kommen
- vor und während der Zubereitung von Mahlzeiten
- vor dem Essen
- nach dem Benutzen der Toilette
- nach dem Naseputzen, Husten oder Niesen
- vor und nach dem Kontakt mit Erkrankten
- nach dem Kontakt mit Tieren

## 2 HÄNDE GRÜNDLICH WASCHEN

- Hände unter fließendes Wasser halten
- von allen Seiten gründlich mit Seife einreiben
- dabei mindestens 20–30 Sekunden Zeit lassen
- unter fließendem Wasser abwaschen
- mit einem sauberen Tuch vollständig abtrocknen

## 3 HÄNDE AUS DEM GESICHT FERNHALTEN

- mit ungewaschenen Händen nicht an Mund, Augen und Nase fassen

## 4 RICHTIG HUSTEN UND NIESEN

- beim Husten und Niesen Abstand von anderen halten und wegdrehen
- ein Taschentuch benutzen oder die Armbeuge vor Mund und Nase halten

## 5 IM KRANKHEITSFALL ABSTAND HALTEN

- zu Hause auskurieren
- auf enge Körperkontakte verzichten, solange man ansteckend ist
- in einem separaten Raum aufhalten und wenn möglich eine getrennte Toilette benutzen
- Essgeschirr oder Handtücher nicht mit anderen gemeinsam benutzen

## 6 WUNDE SCHÜTZEN

- Wunden mit einem Pflaster oder Verband abdecken

## 7 AUF EIN SAUBERES ZUHAUSE ACHTEN

- insbesondere Küche und Bad regelmäßig mit üblichen Haushaltsreinigern säubern
- Putzlappen nach Gebrauch gut trocknen lassen und häufig auswechseln

## 8 LEBENSMITTEL HYGIENISCH BEHANDELN

- empfindliche Nahrungsmittel stets gut gekühlt aufbewahren
- Kontakt von rohen Tierprodukten mit roh verzehrten Lebensmitteln vermeiden
- Fleisch auf mindestens 70 °C erhitzen
- Gemüse und Obst gründlich waschen

## 9 GESCHIRR UND WÄSCHE HEISS WASCHEN

- Ess- und Küchenutensilien mit warmem Wasser und Spülmittel oder in der Spülmaschine reinigen
- waschen Sie Spüllappen und Putztücher, sowie Handtücher, Waschlappen, Bettwäsche und Unterwäsche bei mindestens 60 °C

## 10 REGELMÄSSIG LÜFTEN

- geschlossene Räume mehrmals täglich für einige Minuten lüften

# DAS RICHTIGE HÄNDEWASCHEN

Hände sind die häufigsten Überträger von Krankheitserregern. Häufiges und vor allem richtiges Händewaschen kann nachweislich davor schützen. Im Folgenden eine kleine Anleitung, wie es richtig geht.

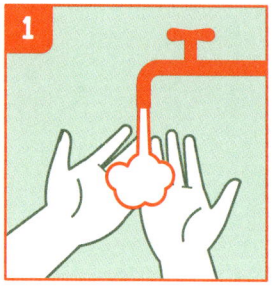 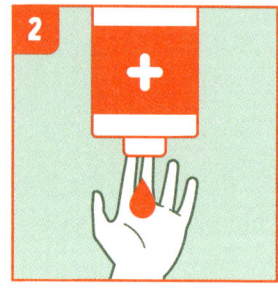 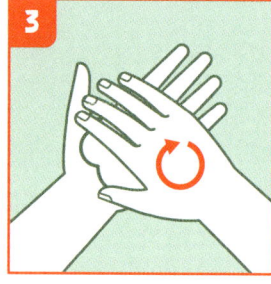

1. Hände unter fließendes Wasser halten.

2. Seife dem Spender entnehmen.

3. Die Seife in kreisenden Bewegungen auf den Handflächen verteilen.

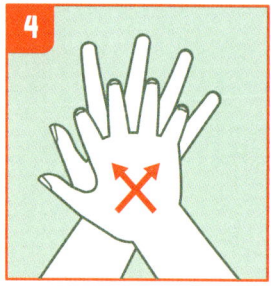 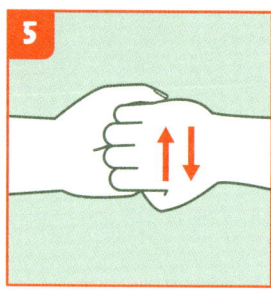 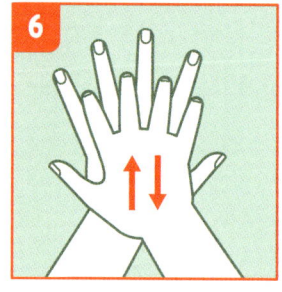

4. Beide Handrücken mit Seife einreiben.

5. Die Fingerzwischenräume schrubben.

6. Auch die Fingerknöchel- und Oberflächen gut einreiben.

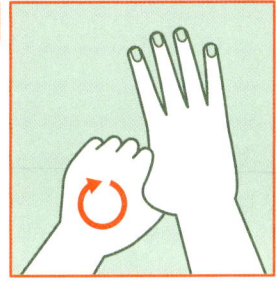 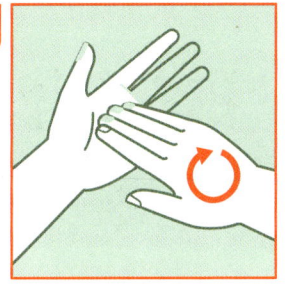 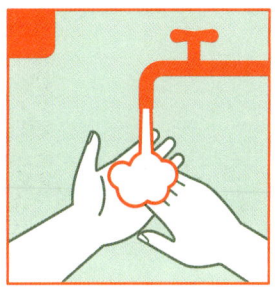

7. Die Daumen säubern.

8. Fingernägel und Fingerspitzen ebenfalls gut mit Seife einreiben.

9. Hände unter fließendem Wasser gut abspülen.

  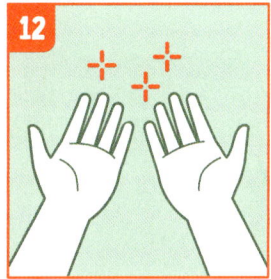

10. Mit einem Einmalhandtuch gut abtrocknen.

11. Mit dem Handtuch das Wasser abdrehen.

12. Tadaa – Ihre Hände sind sauber!

## HANDDESINFEKTIONSMITTEL AUFTRAGEN

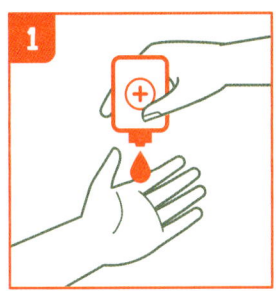 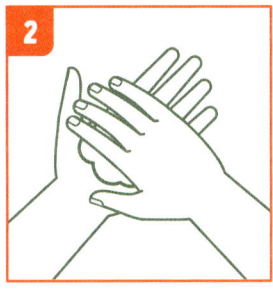 

1. Desinfektionsmittel in eine Handfläche geben.

2. Hände aneinander reiben.

3. Das Desinfektionsmittel auf allen Bereichen der Hand verteilen, bis es trocknet (ca. 20 Sekunden).

# REZEPTE

Jetzt ist die Zeit der Meal-Prepper gekommen! Wer jetzt aber denkt, sich zwei Wochen lang ausschließlich von Dosenravioli zu ernähren – weit gefehlt. Denn selbst Zutaten, die aus der Dose, dem Glas oder der Tiefkühltruhe stammen, können sich in ganz hervorragende Gerichte verwandeln.

# LEBENSMITTEL RICHTIG LAGERN

Gerade wenn man nicht ausschließlich auf Konservendosengerichte zurückgreifen möchte, ist eine korrekte Lagerung von Lebensmitteln unabdingbar. Wir zeigen hier, was es zu beachten gilt.

## WAS HÄLT SICH WIE LANGE IM KÜHLSCHRANK?

**1 WOCHE**

Salat und Kräuter (gewaschen)

rohes Gemüse, Zwiebeln und Knoblauchzehen

Vinaigrette

**5 TAGE**

hartgekochte Eier

Hummus

gekochte Hülsenfrüchte (Linsen, Kichererbsen, Bohnen etc.)

**3-4 TAGE**

gekochtes Getreide (Reis, Quinoa)

gekochtes Gemüse

Suppen, Cremesuppen, kalte Suppen (z. B. Gazpacho)

Gratins ohne Fleisch

**2 TAGE**

mariniertes Fleisch

Fleisch und Fisch (gegart)

Quiches, Blätterteig

## LAGERN IM GEMÜSEFACH DES KÜHLSCHRANKS

### GEMÜSE

Artischocken, Blattgemüse, Blumenkohl, Brokkoli, Chicorée, Endivie, Erbsen, Gewürzkräuter (kein Basilikum), grüne Bohnen, Lauchzwiebeln, Kohl, Lauch, Möhren, Pilze, Radieschen, Rettich, Rote Bete, Salat, Salatmischungen, Sellerie, Spargel, Spinat, Süßmais

### OBST

Äpfel (länger als 7 Tage), Aprikosen, Brombeeren, Erdbeeren, Feigen, Heidelbeeren, Himbeeren, Kirschen, Trauben

## LAGERN VORZUGSWEISE BEI RAUMTEMPERATUR

### GEMÜSE

Aubergine, Basilikum (Bundware, in Wasser gestellt), Gurke, Ingwer, Kartoffeln, Knoblauch, Lagerzwiebeln, Paprika, Tomaten, Zucchini

### OBST

Ananas, Apfel (weniger als 7 Tage), Banane, Grapefruit, Mandarine, Mango, Orange, Papaya, Melone, Wassermelone, Zitrusfrüchte

## REIFEN IM ZIMMER UND LAGERN IM KÜHLSCHRANK

### OBST

Avocado, Birne, Kiwi, Nektarine, Pfirsich, Pflaumen, Zwetschgen

# EMPFEHLUNGEN

- Bewahren Sie geschälte oder gekochte Kartoffeln nicht länger auf: Roh werden sie schwarz, gekocht nehmen sie einen unangenehmen Geschmack an. Sie sollten unmittelbar vor dem Essen gegart werden.
- Getreide und Nudeln mit kurzer Kochzeit sollten unmittelbar vor dem Essen zubereitet werden; so schmecken sie besser und behalten eine optimale Konsistenz.
- Bewahren Sie Schmorgerichte und Suppen im Topf oder Bräter auf, damit sie darin direkt aufgewärmt werden können.
- Hausgemachte Speisen, die eingefroren wurden, sollten innerhalb von zwei Monaten verbraucht werden, damit sich ihre Konsistenz möglichst wenig verändert.

## … IN DER SPEISEKAMMER

- Bei 15–20 °C Raumtemperatur können längerfristig haltbare Lebensmittel trocken und dunkel gelagert werden. Eine Vorratskammer sollte über eine gute Belüftung verfügen.

Sinnvoll ist hierbei auch die Lage einer Speisekammer. Im besten Fall sollte sie, wie auch die Küche, nach Osten oder Norden hin ausgerichtet sein, damit sie an warmen Tagen nicht so stark von der Sonne aufgeheizt wird.

**Sorgfältiges Einlagern und regelmäßige Kontrolle vermindern hier Vorratsverluste und -verderb:**

- Mindesthaltbarkeitsdatum regelmäßig kontrollieren und Lebensmittel rechtzeitig aufbrauchen.
- Erst ältere Ware verbrauchen. Neue Ware sollte immer nach hinten ins Regal geräumt werden.
- Angebrochene Packungen in dicht schließende Behälter aus Glas, Metall oder Kunststoff umfüllen.
- Eingemachtes immer mit Bezeichnung und Datum versehen.
- Inhalt von Konserven, bei denen Boden oder Deckel nach außen gewölbt sind, und von nicht mehr luftdicht verschlossenen Gläsern nicht mehr verzehren!

Produkte, die problemlos in einer Speise- oder Vorratskammer lagern können:

- Mehl
- Salz
- Zucker
- Vollkonserven
- Trockenprodukte wie Reis, Nudeln oder Cerealien

# ... IM GEFRIERFACH

Lebensmittel einzufrieren, bietet eine gute Möglichkeit, sie mehrere Monate aufzubewahren und das beinahe ohne merkliche Qualitätseinbußen. Durch die tiefen Temperaturen wird die Vermehrung von Mikroorganismen verhindert. Achtung: Mikroorganismen sterben aber beim Einfrieren nicht ab, sondern können sich beim Auftauen wieder vermehren. Außerdem sollte man beachten, dass auch biochemische Veränderungen wie die Fettoxidation oder enzymatische Abbauprozesse nach wie vor sehr verlangsamt stattfinden. Das heißt, dass also auch Fett beim Tiefgefrieren ranzig werden kann.

**Um Aroma, Nährstoffe und Qualität zu erhalten, sollte man die folgenden Tipps beachten:**

- Vor dem Einfrieren Obst und Gemüse putzen, waschen, eventuell schälen und/oder entkernen, zerkleinern und je nach Gemüseart blanchieren um Vitamine und Farbe möglichst gut zu erhalten.
- Portionen – nicht zu groß – entsprechend des Verbrauchs einfrieren.
- Lebensmittel möglichst luftdicht verpacken.
- Verpackung mit Inhaltsangabe und Datum beschriften.
- Auch eingefrorene Lebensmittel sind nicht ewig haltbar: Obst und Gemüse 11 bis 15 Monate, Rindfleisch und Geflügel, 9 bis 12 Monate, Fisch und fettreiches Fleisch 6 bis 9 Monate.

**Was man nicht im Gefrierfach lagern sollte:**

- Eier
- Blattsalate und Frischkostsalate
- Rohe Kartoffeln
- Zwiebeln
- Gurken
- Tomaten
- Wassermelonen
- Weintrauben
- ganze, rohe Äpfel und Birnen
- Baiser und Makronen
- Milchprodukte: Joghurt, Dickmilch, saure Sahne, Crème fraîche

# MÜSLI BIRCHER ART

**2 PORTIONEN | 4 PORTIONEN**   **10 MIN.**

Ein Bircher Müsli sorgt für gute Laune und einen guten Start in den Tag. Und es bietet die perfekte Grundlage für eine sportliche Yoga-Session in Ihrem Wohnzimmer.

## ZUTATEN

6 EL | **12 EL** Haferflocken

2 TL | **4 TL** geschrotete Leinsamen

300 g | **600 g** Joghurt

2 | **4** kleine Äpfel

## ZUBEREITUNG

1. Die Haferflocken und Leinsamen in ein Schälchen geben und mit dem Joghurt verrühren.

2. Die Äpfel waschen, vierteln, das Kerngehäuse entfernen und die Viertel raspeln. Die Raspel unter das Müsli mischen und sofort verzehren.

### TIPP

Das Müsli hält sich im Kühlschrank mehrere Tage. Einfach die Menge verdoppeln und doppelt genießen!

# PUDDING MIT ORANGEN

**2 PORTIONEN | 4 PORTIONEN**   **20 MIN.**

Pudding zum Frühstück (oder für zwischendurch) ist nie verkehrt. Und diesen kann man wunderbar variieren: Anstatt der Orangen können auch TK-Heidelbeeren verwendet werden.

## ZUTATEN

**300 ml | 600 ml** Milch

**100 g | 200 g** Quinoa

**2 | 4** Orangen

**2 EL | 4 EL** gehackte Walnusskerne

etwas Zimt

## ZUBEREITUNG

1. Die Milch zusammen mit der Quinoa zum Kochen bringen und dann 15 Minuten bei reduzierter Hitze köcheln lassen.

2. Inzwischen die Orangen filetieren. Dafür die Schale rundherum in Streifen abschälen, danach die einzelnen Orangenfilets an den weißen Trennhäuten entlang mit einem Messer herauslösen.

3. Den Quinoapudding in Schälchen geben und die Orangenfilets darauf verteilen. Zum Schluss die Walnusskerne daraufstreuen und nach Belieben mit Zimt bestäuben.

### TIPP

Orangen halten sich übrigens am längsten, wenn man sie im Kühlschrank aufbewahrt.

# PORRIDGE MIT APFEL & ZIMT

**2 PORTIONEN | 4 PORTIONEN**     **20 MIN.**

Es gibt kaum einen Weg besser in den Tag zu starten, als mit einer Schüssel leckerem Porridge! Auch bei Kindern ist dieser Klassiker mit Apfel und Zimt sehr beliebt.

## ZUTATEN

**300 ml | 600 ml** Milch

**3 EL | 6 EL** Honig

**60 g | 120 g** Haferflocken

**1 | 2** Äpfel

**3 EL | 6 EL** Walnusskerne

**½ TL | 1 TL** Kokosöl

**1 Msp | 2 Msp** gemahlener Zimt

## ZUBEREITUNG

1. Die Milch mit **2 EL | 4 EL** Honig in einem Topf erhitzen. Die Haferflocken dazugeben und einmal aufkochen. Die Hitze reduzieren und das Porridge ca. 15 Minuten köcheln lassen, bis es andickt. Dabei das gelegentliche Umrühren nicht vergessen.

2. In der Zwischenzeit die Äpfel waschen, vierteln, das Kerngehäuse entfernen und in Würfel schneiden. Die Walnüsse grob hacken. Das Kokosöl in einer Pfanne erhitzen und die Nüsse darin leicht anrösten. Die Apfelstückchen dazugeben, mit Zimt und **1 EL | 2 EL** Honig vermengen und leicht karamellisieren lassen.

3. Das Porridge auf zwei Schüsseln verteilen, mit dem Topping garnieren und servieren.

# BAKED OATMEAL MIT NÜSSEN

**2 PORTIONEN | 4 PORTIONEN**  **50 MIN.**

Haben Sie schon mal einen Haferbrei gebacken? Nein? Dann sollten Sie dieses Rezept unbedingt versuchen!

## ZUTATEN

- ½ | 1 Apfel
- 1 EL | 2 EL Butter
- 75 g | 150 g Haferflocken
- 2 EL | 4 EL gehackte Mandeln
- 2 EL | 4 EL gehackte Walnusskerne
- 1 EL | 2 EL Honig
- 200 ml | 400 ml Milch
- gemahlener Zimt
- 1 ½ EL | 3 EL gehackte dunkle Schokolade
- Salz

## ZUBEREITUNG

1. Den Backofen auf 200 °C (Ober-/Unterhitze) vorheizen und eine Auflaufform (ca. 17 cm Ø) einfetten. Den Apfel waschen, das Kerngehäuse mit einem Entkerner ausstechen und den Apfel in Scheiben schneiden. Diese auf den Boden der Form geben.

2. Die Butter in einem Topf zerlassen. Die Haferflocken mit Mandeln und Nüssen mischen und auf die Apfelscheiben geben. Ahornsirup mit Milch, zerlassener Butter und **1 Prise | 2 Prisen** Zimt mischen und über die Flocken-Nuss-Mischung gießen, vorsichtig rütteln, damit die Flüssigkeit sich gut verteilt. Mit den Schokostückchen bestreuen. Das Oatmeal im heißen Ofen (Mitte) 30–40 Minuten backen, bis es goldgelb ist, etwas abkühlen lassen und genießen.

# SÜSSE SONNTAGSMUFFINS MIT HIMBEEREN

**2 PORTIONEN | 4 PORTIONEN**  **45 MIN.**

Diese Muffins sind ein perfektes Sonntagmorgen-Rezept. Denn es ist einfach herrlich, wenn der Duft das ganze Haus erfüllt. Die Himbeeren verleihen den Muffins einen fruchtigen Geschmack.

## ZUTATEN

**150 g | 300 g** Haferflocken

**100 g | 200 g** Weizenmehl (Type 405)

**100 g | 200 g** gemahlene Mandeln

**40 g | 80 g** Zucker

**1 TL | 2 TL** Backpulver

Salz

**65 g | 130 g** Kokosöl, plus etwas mehr zum Einfetten

**1 | 2** reife Banane

**2 | 4** Eier (Größe M)

**1 kleine | 1 große** Dose Kokosmilch

**120 g | 240 g** TK-Himbeeren

### AUSSERDEM

evtl. Papierförmchen für das Muffinblech

## ZUBEREITUNG

Den Backofen auf 180 °C (Ober-/Unterhitze) vorheizen. Ein Muffinblech mit Kokosöl einfetten oder mit Papierförmchen bestücken.

1. In einer Küchenmaschine die Haferflocken zu Mehl mahlen. Das Haferflockenmehl in eine Schüssel geben und mit Mehl, Mandeln, Zucker, Backpulver und 1 Prise Salz gleichmäßig vermischen.

2. In einem Topf das Kokosöl bei geringer Hitze schmelzen. Die Banane mit einer Gabel zerdrücken und gemeinsam mit den Eiern und Kokosmilch zu einer cremigen Masse verrühren. Diese in die Schüssel mit den trockenen Zutaten geben und alles zu einem glatten Teig verrühren. Zum Schluss die Himbeeren unterheben.

3. Den Teig gleichmäßig auf die gefetteten Muffinmulden verteilen und ca. 35 Minuten im Ofen goldbraun backen. Noch lauwarm servieren.

# FRÜHSTÜCKS-BRÖTCHEN

**2 PORTIONEN | 4 PORTIONEN**   **1 STD. 15 MIN.**

Bei einem ausgewogenen Frühstück dürfen leckere Brötchen nicht fehlen. Diese können auch auf Vorrat vorbereitet und im Kühlschrank gelagert werden. Vor dem Verzehr einfach kurz im Ofen wieder aufbacken.

## ZUTATEN

**270 g | 540 g** Weizenmehl

**½ Pck | 1 Pck** Trockenhefe

**¾ TL | 1 ½ TL** Salz

**200 ml | 400 ml** lauwarmes Wasser

**1 EL | 2 EL** Apfelessig

**1 EL | 2 EL** Sesam

## ZUBEREITUNG

1. Den Teig am Vorabend zubereiten. Hierfür die beiden Mehlsorten Trockenhefe und Salz in einer Schüssel mischen. Lauwarmes Wasser sowie Apfelessig hinzufügen und mit den Händen verkneten, bis sich der Teig von der Schüssel löst. Diesen zu einer Kugel formen.

2. Ein Muffinblech einfetten. Den Teig zu **6 | 12** Kugeln formen und diese in die Vertiefungen geben. Die Oberfläche mit Sesam bestreuen. Ein Backpapier über das Muffinblech legen. Das Blech in eine große Plastiktüte geben und über Nacht in den Kühlschrank stellen.

3. Am nächsten Morgen den Backofen auf 200 °C (Ober-/Unterhitze) erhitzen. Das Muffinblech aus dem Kühlschrank nehmen, Plastiktüte und Backpapier entfernen und das Blech in den Backofen geben. Die Brötchen 25 Minuten backen.

# KNUSPRIGES BAGUETTE

**1 BAGUETTE**  **1 STD. 50 MIN.**

Ob zum Abendbrot, Frühstück oder als Vorspeise – ein Baguette ist ein echter Tausendsassa.

## ZUTATEN

125 ml Milch

2 EL Butter

1 EL Zucker

1 Pck Trockenhefe

300 g Mehl

## ZUBEREITUNG

1. Die Milch in einem kleinem Topf erwärmen, Butter und Zucker unterrühren und den Topf beiseitestellen. Die Hefe in 3 EL lauwarmes Wasser streuen und 10 Minuten stehen lassen, bis sie Blasen wirft. Anschließend 1 EL Salz unterrühren. Das Mehl mit der Milch und der Hefe in einer großen Schüssel mit dem Handrührgerät zu einem Teig verkneten. Den Teig abgedeckt an einem warmen Ort in 1 Stunde auf das Doppelte aufgehen lassen.

2. Den Ofen auf 190 °C (Ober-/Unterhitze) vorheizen. Ein Backblech mit Backpapier auslegen. Den Teig zu einem ungefähr 30 x 40 cm großen Rechteck ausrollen, zweimal falten, sodass ein Baguette entsteht. Mit der Handkante entlang der Mitte eine Vertiefung eindrücken, den Teig darüber falten, wieder zu einer Baguetteform rollen. Das Brot im Abstand von etwa 4 cm diagonal einschneiden und bei 190 °C 15 Minuten backen. Dann bei 180 °C weitere 25 Minuten backen. Aus dem Ofen nehmen, einige Minuten abkühlen lassen, dann einfach in Stücke brechen oder auch diagonal aufschneiden.

# KICHERERBSENMUS AUS DEM OFEN

**2 PORTIONEN | 4 PORTIONEN**   **45 MIN.**

Die milden und leicht nussig schmeckenden Kichererbsen passen einfach perfekt zum frischen Zitronensaft – das ist Food Pairing vom Feinsten!

## ZUTATEN

2 | 4 Dosen Kichererbsen

2 | 4 Knoblauchzehen

1 | 2 Bio-Zitrone(n)

1 TL | 2 TL Tahin

100 g | 200 g Joghurt (3,5 % Fett)

3 EL | 6 EL Olivenöl

Salz

Pfeffer

Currypulver

### AUSSERDEM

Auflaufform

Fladenbrot zum Dippen

## ZUBEREITUNG

1. Die Kichererbsen abgießen, kalt abspülen und abtropfen lassen. Die Knoblauchzehen schälen und durch eine Knoblauchpresse drücken. Die Zitrone(n) heiß waschen, trocken tupfen und die Schale fein abreiben. Die Zitrone(n) halbieren und den Saft auspressen.

2. Den Backofen auf 180 °C (Ober-/Unterhitze) vorheizen. Die Kichererbsen mit Knoblauch, Zitronenabrieb und -Saft, Tahin, Joghurt und Olivenöl cremig pürieren. Mit Salz, Pfeffer und Currypulver würzen und in eine kleine Auflaufform füllen. Mit dem restlichen Olivenöl beträufeln und im Backofen etwa 15 Minuten backen.

3. Inzwischen das Fladenbrot in Streifen schneiden. Zum Kichererbsenmus servieren.

# TOAST HAWAII

**2 PORTIONEN | 4 PORTIONEN**  **20 MIN.**

Toast Hawaii – ein echtes Retro-Gericht. Und wahnsinnig beliebt bei Jung und Alt, damals wie heute.

## ZUTATEN

4 | 8 Ananasscheiben (Dose)

4 | 8 Scheiben Vollkornbrot

4 | 8 Scheiben Kochschinken

4 | 8 Scheiben Käse

Thymian (nach Belieben)

## ZUBEREITUNG

1. Die Ananasscheiben aus der Dose abgießen. Den Backofen auf 220 °C (Ober-/Unterhitze) vorheizen. Ein Backblech mit Backpapier auslegen.

2. Die Brotscheiben im Toaster rösten und mit Butter dünn bestreichen.

3. Die Scheiben auf das Backblech legen und mit je zwei Scheiben Schinken, einem Ananasring und einer Scheibe Bergkäse belegen. Im heißen Ofen (Mitte) ca. 10 Minuten gratinieren. Herausnehmen und kurz abkühlen lassen.

4. Nach Belieben etwas Thymian waschen, trocken schütteln, die Blätter abzupfen und den Toast damit bestreuen. Sofort servieren.

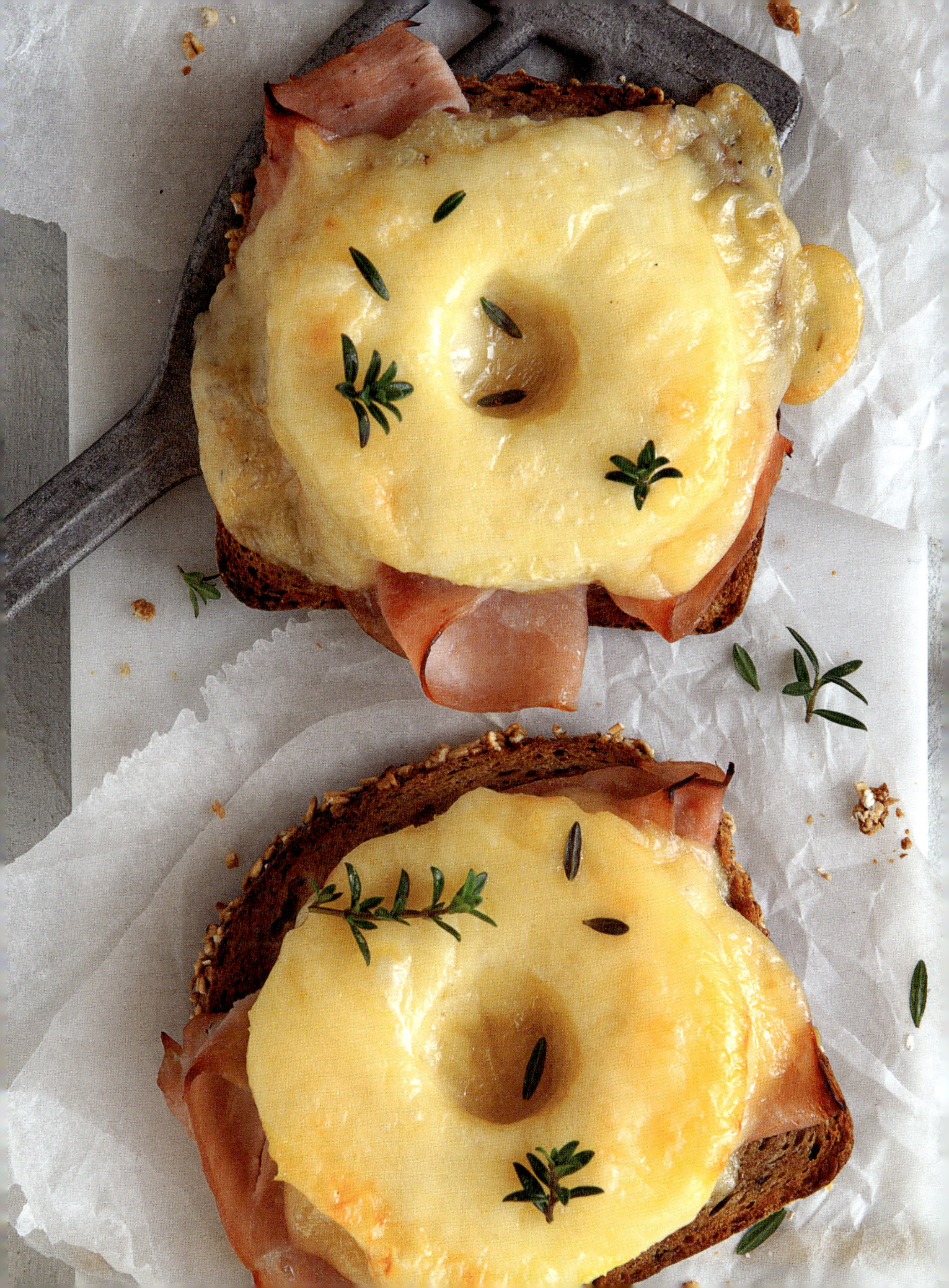

# WÜRZIGE KNABBER-KICHERERBSEN

**2 PORTIONEN | 4 PORTIONEN**   **40 MIN.**

Kein Knabberzeug für den Fernsehabend gekauft? Kein Problem – dieser schnell gemachte Supersnack ist eine tolle Alternative zu Knabbernüssen oder Chips.

## ZUTATEN

**1 | 2** Dose(n) Kichererbsen

**10 g | 20 g** geräuchertes Paprikapulver (alternativ edelsüßes Paprikapulver)

**¼ TL | ½ TL** gemahlener Kreuzkümmel

**½ TL | 1 TL** Salz

**¼ TL | ½ TL** Pfeffer

**2 EL | 4 EL** Olivenöl

## ZUBEREITUNG

1. Den Backofen auf 225 °C (Ober-/Unterhitze) vorheizen. Die Kichererbsen abgießen, kalt abspülen, gut abtropfen lassen und sorgfältig mit Küchenpapier trocken tupfen. Je trockener sie sind, desto knuspriger werden sie beim Backen.

2. Die Gewürze, Salz und Pfeffer mischen. Das Öl und die Kichererbsen zugeben und alles gut mischen, sodass die Kichererbsen mit dem Würzöl überzogen sind.

3. Die Kichererbsen so auf einem mit Backpapier ausgelegtem Backblech verteilen, dass möglichst keine Kichererbsen übereinanderliegen. Im heißen Ofen ca. 35 Minuten rösten, dabei nach ca. 20 Minuten einmal die Kichererbsen gut durchmischen.

4. Die Kichererbsen auf einem Kuchengitter auskühlen lassen.

### VARIANTE

Für eine süße Variante statt der oben genannten Gewürze Zimt und nur **1 Prise | 2 Prisen** Salz mit dem Öl unter die Kichererbsen mischen. Nach 30 Minuten Röstzeit die Kichererbsen mit **1 EL | 2 EL** Ahornsirup in einer Schüssel mischen, wieder auf dem Blech verteilen und weitere 5–10 Minuten bei gleicher Temperatur rösten.

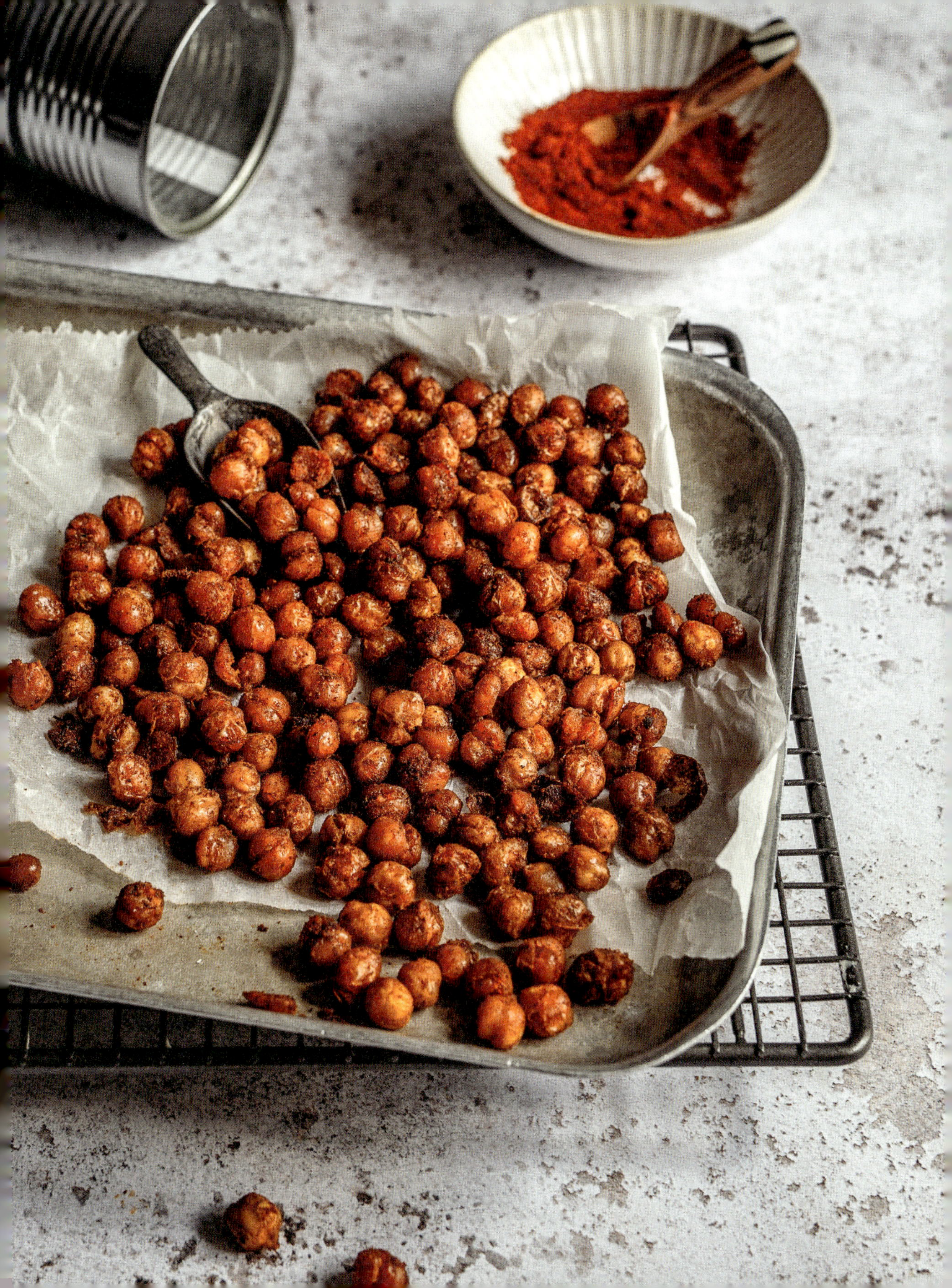

# ROTE-BETE-CAPRESE

**2 PORTIONEN | 4 PORTIONEN**   **20 MIN.**

Caprese mit Tomate Mozarella kann doch jeder! Variieren Sie doch mal stattdessen mit Rote Bete, Sie werden es lieben.

## ZUTATEN

**3 EL | 6 TL** Kürbiskerne

**300 g | 600 g** Rote Bete (vakuumiert)

**2 TL | 4 TL** Sojasauce

**100 g | 200 g** Joghurt (1,5 % Fett)

**1 EL | 2 EL** Kürbiskernöl (alternativ Olivenöl)

**1 TL | 2 TL** Meerrettich

Salz

Pfeffer

## ZUBEREITUNG

1. Die Kürbiskerne grob mit einem großen Messer hacken und in einer Pfanne ohne Zugabe von Fett anrösten.

2. Die Rote Bete (am besten mit Einweghandschuhen) in dünne Scheiben schneiden. Die Scheiben kreisförmig auf **2 | 4** Tellern verteilen und mit Sojasauce beträufeln.

3. In den Joghurt Kürbiskernöl und Meerrettich einrühren. Mit Salz und Pfeffer abschmecken. Den Joghurtdip als Kleckse auf der Roten Bete verteilen und zum Schluss mit den gerösteten Kürbiskernen bestreuen.

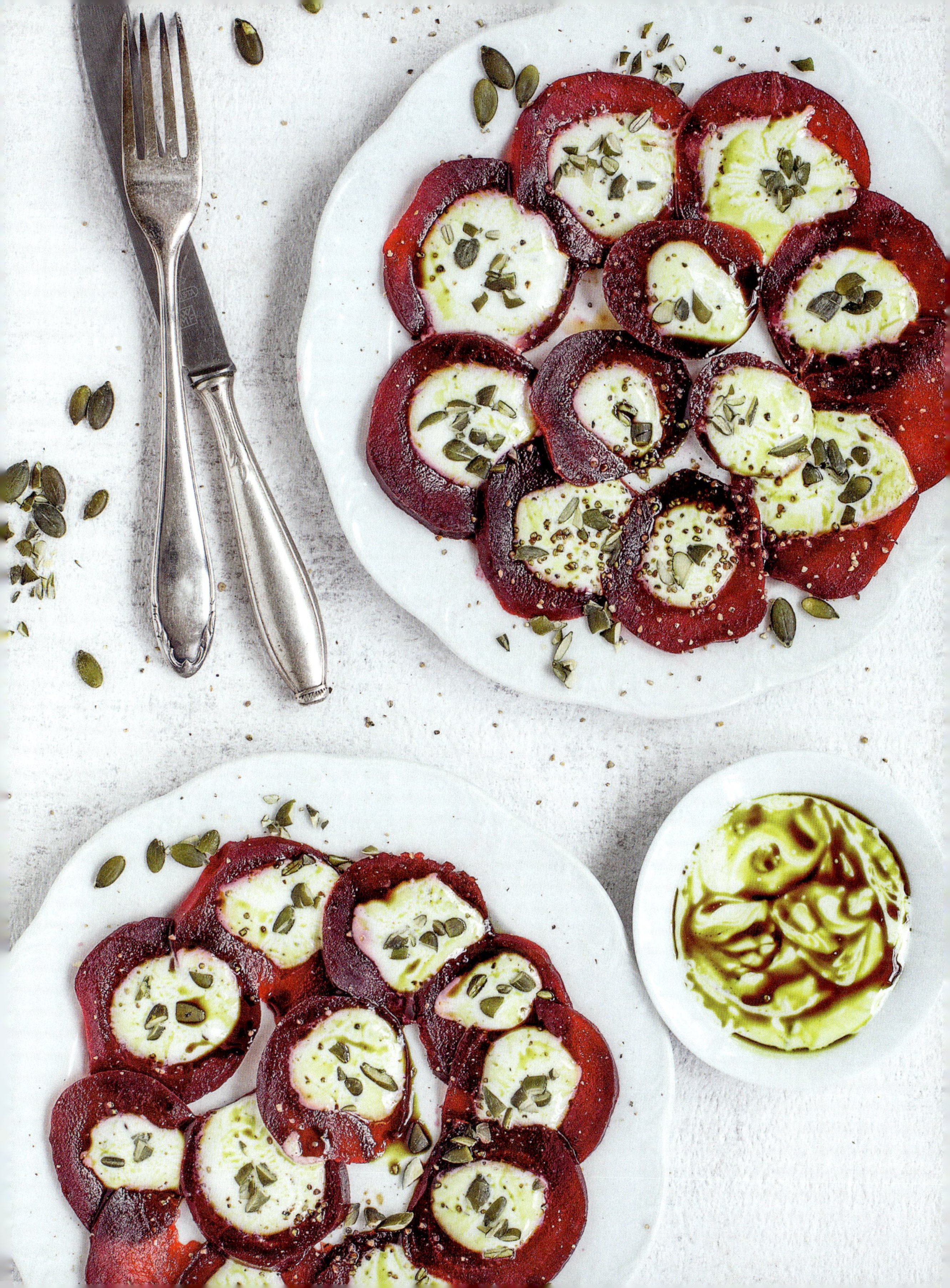

# KÜRBISSUPPE MIT INGWER & KOKOS

**2 PORTIONEN | 4 PORTIONEN**     **35 MIN.**

Für diese Suppe können Sie statt Butternuss-Kürbis auch andere Sorten wie z. B. einen Hokkaido- oder einen Muskat-Kürbis verwenden – das Ergebnis ist immer köstlich.

## ZUTATEN

½ | 1 Butternuss-Kürbis

2 | 4 Knoblauchzehen

1 | 2 Zwiebel(n)

1 EL | 2 TL Olivenöl

1 | 2 Prise Currypulver

300 ml | 600 ml Gemüsebrühe

1 kleine | 1 große Dose Kokosmilch

Salz

Pfeffer

1 kleines Stück frischer Ingwer

## ZUBEREITUNG

1. Den Kürbis waschen, zerteilen, schälen, entkernen und das Fruchtfleisch in Würfel schneiden. Die Knoblauchzehen und die Zwiebel(n) schälen und fein würfeln. Das Öl in einem Topf erhitzen und die Zwiebeln und den Knoblauch anschwitzen. Den Kürbis hinzugeben und alles einige Minuten anschwitzen lassen. Mit Curry bestäuben und kurz mitschwitzen.

2. Die Gemüsebrühe und die Kokosmilch angießen, mit Salz und Pfeffer würzen, aufkochen und bei mittlerer Hitze ungefähr 20 Minuten köcheln lassen.

3. Inzwischen den Ingwer schälen und fein reiben. Die Suppe pürieren, nochmals abschmecken und den frischen Ingwer einrühren.

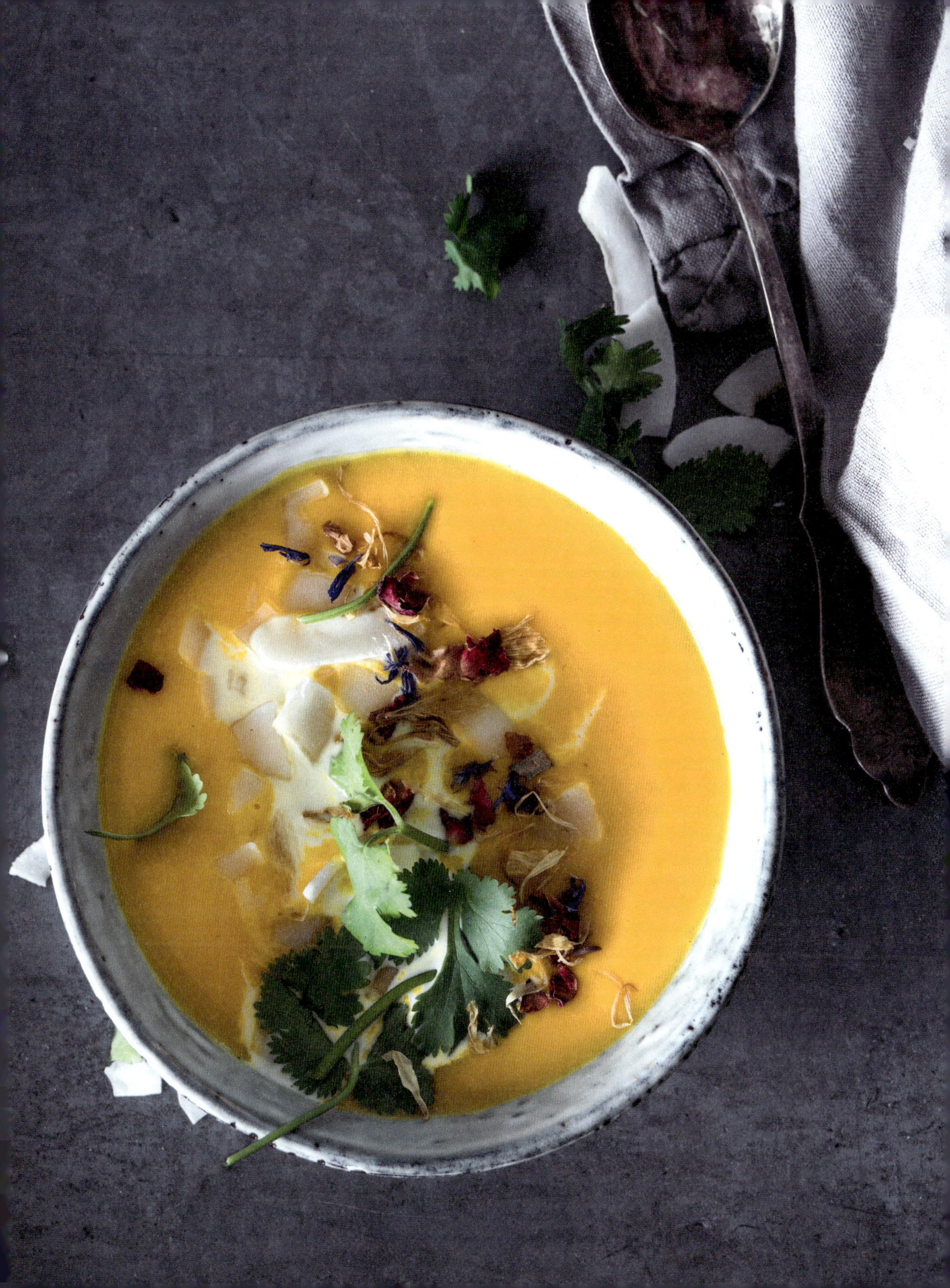

# GRÜNE FRÜHLINGS-MINESTRONE

**2 PORTIONEN | 4 PORTIONEN**  **30 MIN.**

Die gute alte Nudelsuppe. Sie ruft Kindheitserinnerungen wach, und diese hier ist auch noch besonders kalorienarm.

## ZUTATEN

**100 g | 200 g** Spirelli

**1 | 2** Schalotte(n)

**2 | 4** Frühlingszwiebeln

**1 | 2** Zweig(e) Thymian

**200 g | 400 g** Spargel (Glas)

**1 TL | 2 TL** Olivenöl

**100 g | 200 g** weiße Riesenbohnen (Dose)

**80 g | 160 g** TK-Erbsen

**500 ml | 1 l** Gemüsebrühe

Salz

Pfeffer

**3 TL | 6 TL** Pesto Verde

## ZUBEREITUNG

1. Die Spirelli nach Packungsanleitung bissfest garen.

2. In der Zwischenzeit die Schalotte(n) schälen und fein hacken. Die Frühlingszwiebeln waschen und in feine Ringe schneiden. Die Thymianblätter abzupfen, waschen und fein hacken. Den Spargel aus dem Glas in mundgerechte Stücke schneiden.

3. In einem Topf das Olivenöl erhitzen und die Schalottenwürfel glasig andünsten.

4. Die Riesenbohnen abtropfen lassen. Den Spargel, die Erbsen, Thymian und weiße Riesenbohnen mit in den Topf geben und mit der Gemüsebrühe aufgießen. Bei geschlossenem Deckel und mittlerer Hitze 5–7 Minuten köcheln lassen.

5. Kurz vor Garzeitende die Spirelli in der Suppe erwärmen. Die Minestrone nach Geschmack mit Salz und Pfeffer abschmecken.

6. Zum Servieren die Suppe mit Pesto Verde beklecksen, mit den gehackten Frühlingszwiebeln bestreuen und genießen.

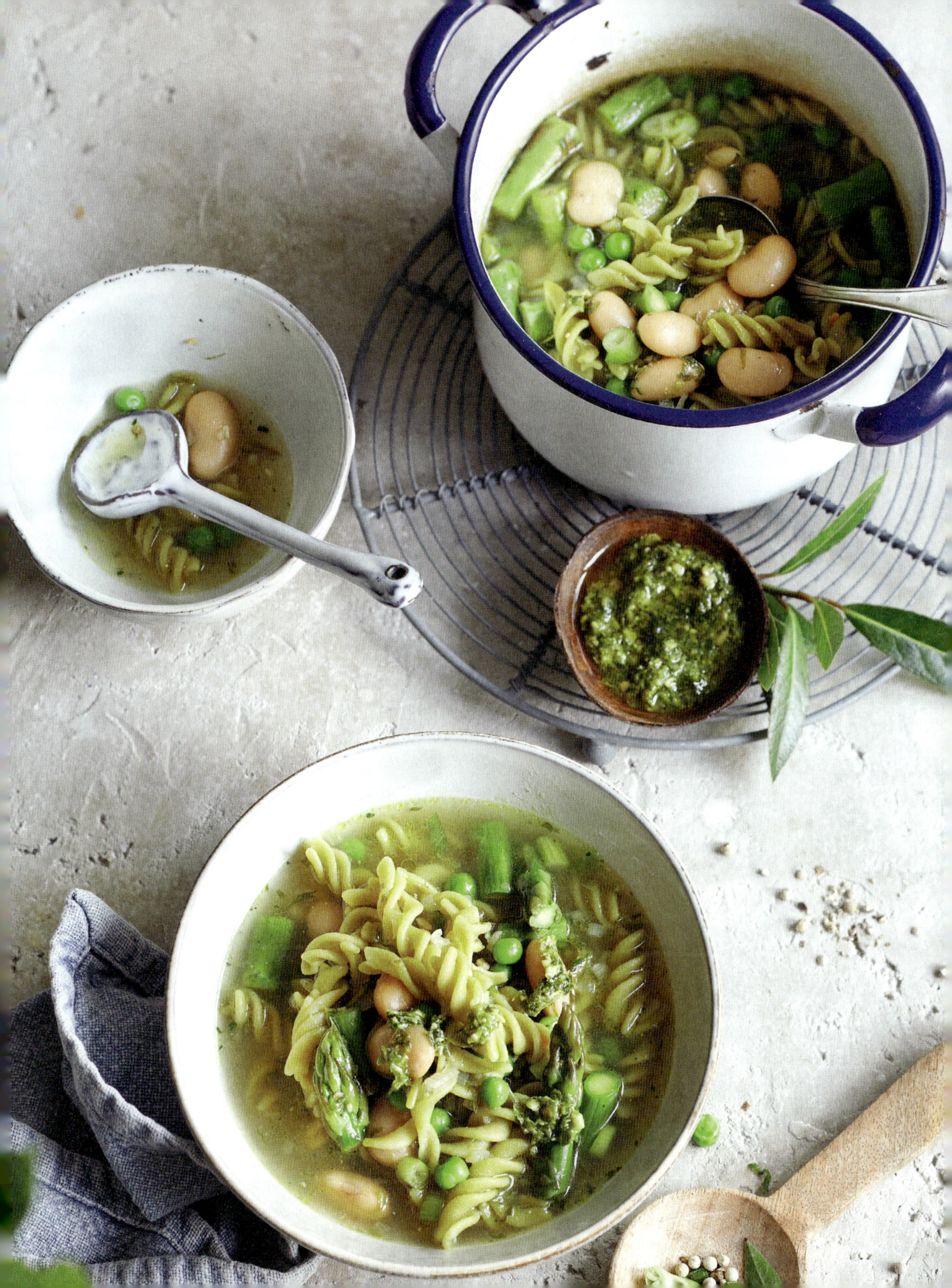

# TOMATENSUPPE MIT BASILIKUM

**2 PORTIONEN | 4 PORTIONEN**  **40 MIN.**

Suppen sind die ideale Vorspeise oder kleine Mahlzeit für zwischendurch, denn sie liegen nicht allzu schwer im Magen.

## ZUTATEN

**400 g | 800 g** geschälte Tomaten (Dose)

**1 | 2** Zwiebel(n)

**1 EL | 2 EL** Olivenöl

**200 ml | 400 ml** Gemüsebrühe

Salz

Pfeffer

**1 TL | 2 TL** Zucker

**2 TL | 4 EL** Tomatenmark

frischer Basilikum zum Dekorieren

## ZUBEREITUNG

1. Die Zwiebel(n) abziehen und fein hacken. Das Öl in einem Topf erhitzen, Zwiebel darin glasig dünsten. Dosentomaten dazugeben und die Brühe angießen. Mit **½ TL | 1 TL** getrocknetem Basilikum würzen und 10 Minuten köcheln lassen.

2. Mit Salz, etwas Pfeffer, Zucker und Tomatenmark würzen und mit dem Stabmixer zu einer homogenen Suppe pürieren.

3. 2 Stängel Basilikum waschen und trocken tupfen, die Blätter abzupfen. Die Suppe auf zwei tiefe Teller verteilen und mit den Basilikumblättern dekorieren.

## TIPP

Geben Sie zusätzlich je nach Geschmack 1 Scheibe getoastetes Vollkorntoastbrot in Würfeln und 1 EL geröstete Pinienkerne in die Suppe.

# LINSENSUPPE MIT SPECK

**2 PORTIONEN | 4 PORTIONEN**   **1 STD.**

Alles was satt macht, macht auch glücklich.
Dafür ist die Linsensuppe genau das Richtige.

## ZUTATEN

**1 | 2** Zwiebel(n)

**1 EL | 2 EL** Sonnenblumenöl

**150 g | 300 g** Linsen (getrocknet)

**½ TL | 1 TL** Tomatenmark

**500 ml | 1 l** Gemüsebrühe

**100 g | 200 g** TK-Suppengemüse

**¼ TL | ½ TL** getrockneter Majoran

**50 g | 100 g** Speckwürfel

etwas Petersilie (nach Belieben)

Salz

Pfeffer

## ZUBEREITUNG

1. Die Zwiebel(n) schälen und in kleine Würfel schneiden. Das Öl in einem Topf erhitzen und die Zwiebel darin bei mittlerer Hitze anbraten. Die Linsen dazugeben, das Tomatenmark unterrühren und die Brühe angießen. Die Linsen bei mittlerer Hitze 35–40 Minuten weich garen.

2. In der Zwischenzeit das TK-Gemüse antauen und anschließend mit dem Majoran und den Speckwürfeln 10–15 Minuten vor Garzeitende zum Eintopf geben.

3. Nach Belieben etwas Petersilie waschen, trocken schütteln und grob zerzupfen. Die Suppe mit Salz und Pfeffer würzen, auf zwei Teller verteilen und, mit der Petersilie bestreut, servieren.

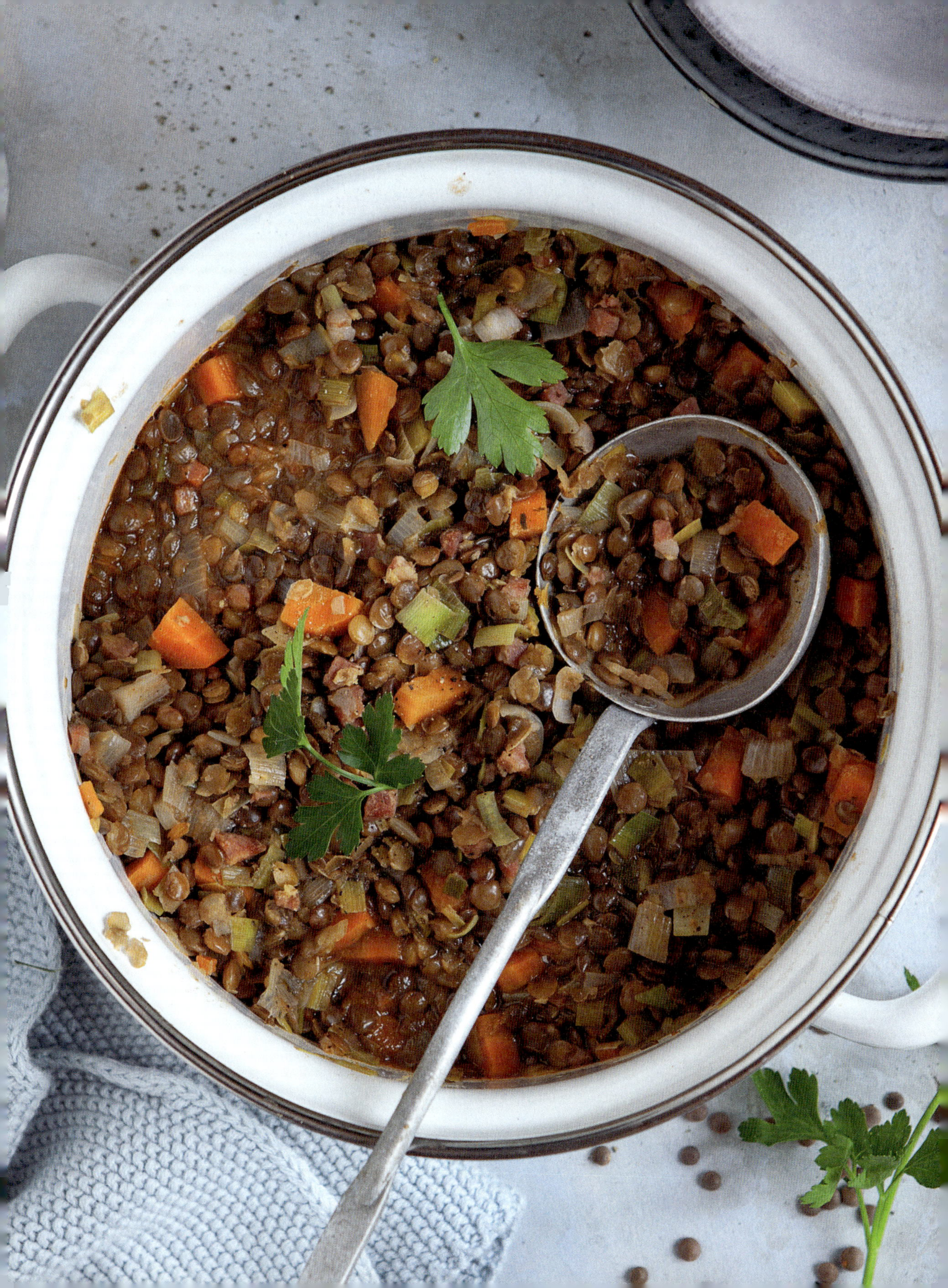

# KARTOFFELSUPPE MIT WÜRSTCHEN

**2 PORTIONEN | 4 PORTIONEN**     ⏰ **40 MIN.**

Heiße Kartoffelsuppe mit Würstchen, das ist wohl der Klassiker schlechthin: Er macht satt und schmeckt quasi allen.

## ZUTATEN

- ½ | 1 Zwiebel
- 25 g | 50 g Räucherspeck
- 100 g | 200 g TK-Suppengemüse
- 200 g | 400 g festkochende Kartoffeln
- Öl
- Salz
- Pfeffer
- 500 ml | 1 l Gemüsebrühe
- 4 | 8 Wiener Würstchen

## ZUBEREITUNG

1. Die Zwiebel schälen und fein würfeln. Den Räucherspeck in kleine Würfel schneiden. Das Suppengemüse ein wenig antauen lassen. Die Kartoffeln waschen, schälen und in kleine Stücke schneiden.

2. In einem Topf etwas Pflanzenöl erhitzen, Zwiebel- und Speckwürfel darin kurz andünsten. Das Suppengemüse und die Kartoffeln hinzufügen, mit Salz und Pfeffer würzen und mit der Gemüsebrühe aufkochen. Bei niedriger Hitze in etwa 30 Minuten gar kochen und mit einem Stabmixer pürieren.

3. Die Würstchen in dicke Scheiben schneiden und in der Suppe erwärmen.

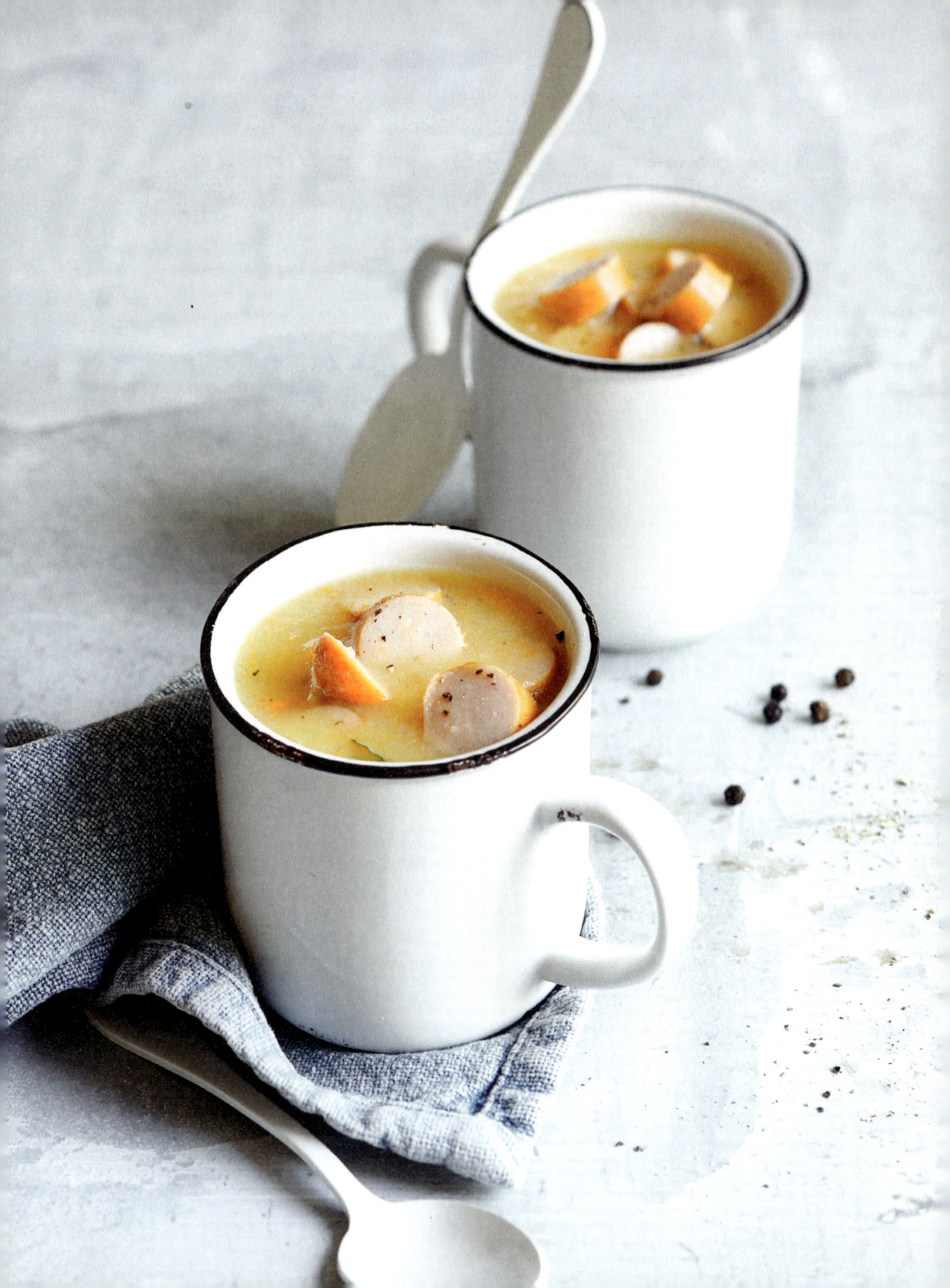

# CHILI SIN CARNE MIT COUSCOUS

**2 PORTIONEN | 4 PORTIONEN**     **40 MIN.**

Ein Klassiker in seiner vegetarischen Variante. Und dafür braucht es nicht sonderlich viel.

## ZUTATEN

**200 ml | 400 ml** Gemüsebrühe

**100 g | 200 g** Couscous

**1 EL | 2 EL** Pflanzenöl

**1 | 2** Zwiebel(n)

**1 | 2** Knoblauchzehe(n)

**1 Msp | 2 Msp** gemahlener Kreuzkümmel

**1 TL | 2 TL** Tomatenmark

**1 | 2** Dose(n) stückige Tomaten

**1 | 2** Dose(n) Kidneybohnen

**1 kleine | 1 große** Dose Mais

Salz

edelsüßes Paprikapulver

Pfeffer

## ZUBEREITUNG

1. Die Gemüsebrühe in einem Topf kurz aufkochen. Den Couscous in eine kleine Schüssel geben und mit der kochenden Gemüsebrühe aufgießen und quellen lassen.

2. Das Öl im Topf erhitzen. Die Zwiebel und den Knoblauch schälen, klein würfeln und in den Topf geben. Kreuzkümmel und Tomatenmark zugeben und bei mittlerer Hitze alles anbraten. Mit den Dosentomaten und **250 ml | 500 ml** Wasser ablöschen, aufkochen und bei mittlerer Hitze zugedeckt ca. 15 Minuten köcheln lassen.

3. In der Zwischenzeit die Kidneybohnen und den Mais in einem Sieb abtropfen lassen. Dann zusammen mit dem Couscous in die Tomatensauce einrühren, kurz aufkochen und ca. 5 Minuten köcheln lassen. Mit Salz, Paprikapulver und Pfeffer kräftig abschmecken.

4. Das Couscous-Chili in **zwei | vier** tiefe Teller geben und nach Belieben je einen Klecks Joghurt daraufsetzen und mit frischen Kräutern bestreuen.

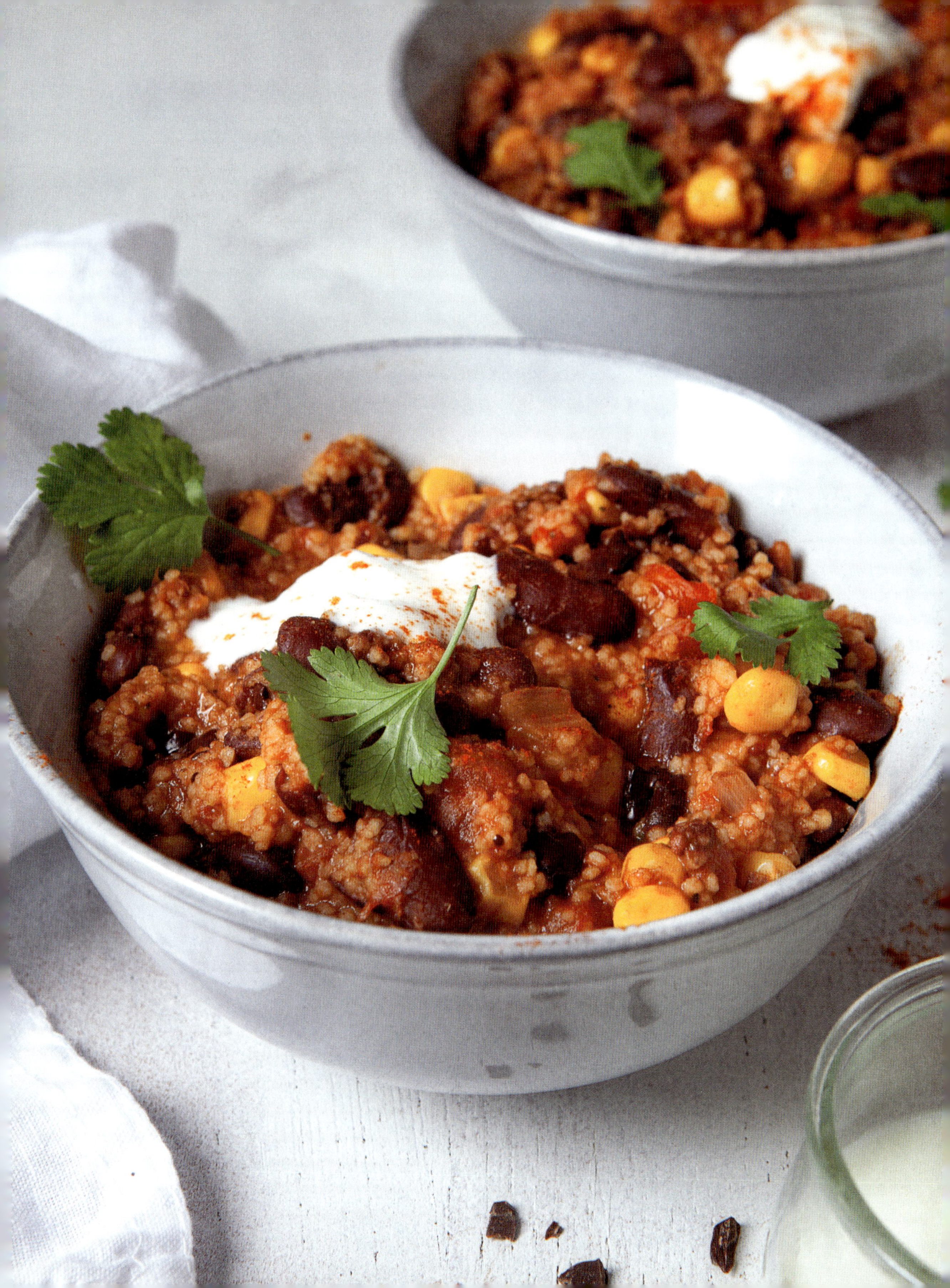

# ARTISCHOCKENREIS MIT KRÄUTERN

**2 PORTIONEN | 4 PORTIONEN**    **40 MIN.**

Es geht doch nichts über eine warme Schüssel Reis zum Abendessen.

## ZUTATEN

**250 g | 500 g** Artischocken (Glas)

Saft von **½ | 1** Zitrone

**½ EL | 1 EL** Weißweinessig

**2 | 4** Knoblauchzehen

**½ | 1** Bund Petersilie

**3 | 6** Stängel Minze

**2 EL | 4 EL** Olivenöl

**200 g | 400 g** Langkornreis

Salz

Pfeffer

**100 ml | 200 ml** trockener Weißwein

**500 ml | 1 l** Gemüsebrühe

## ZUBEREITUNG

1. Den Backofen auf 200 °C (Ober-/Unterhitze) vorheizen. Die Artischocken abgießen und in Zitronensaft und Weißweinessig einlegen.

2. Den Knoblauch schälen und fein würfeln. Petersilie und Minze waschen, trocken schütteln und fein hacken.

3. Das Olivenöl in einem Bräter erhitzen, die Knoblauchwürfel darin glasig dünsten. Den Reis unter Rühren einstreuen und kurz mit andünsten. Mit Salz und Pfeffer würzen. Weißwein und Gemüsebrühe dazugießen und aufkochen.

4. Die Artischocken zum Reis geben. Jeweils die Hälfte der Petersilie und Minze unterrühren.

5. Den Bräter mit Alufolie verschließen. Den Reis im Backofen (mittlere Schiene) etwa 40 Minuten garen. Nach etwa 30 Minuten die Folie entfernen und den Reis offen fertig garen. Mit übriger Petersilie und Minze bestreut servieren.

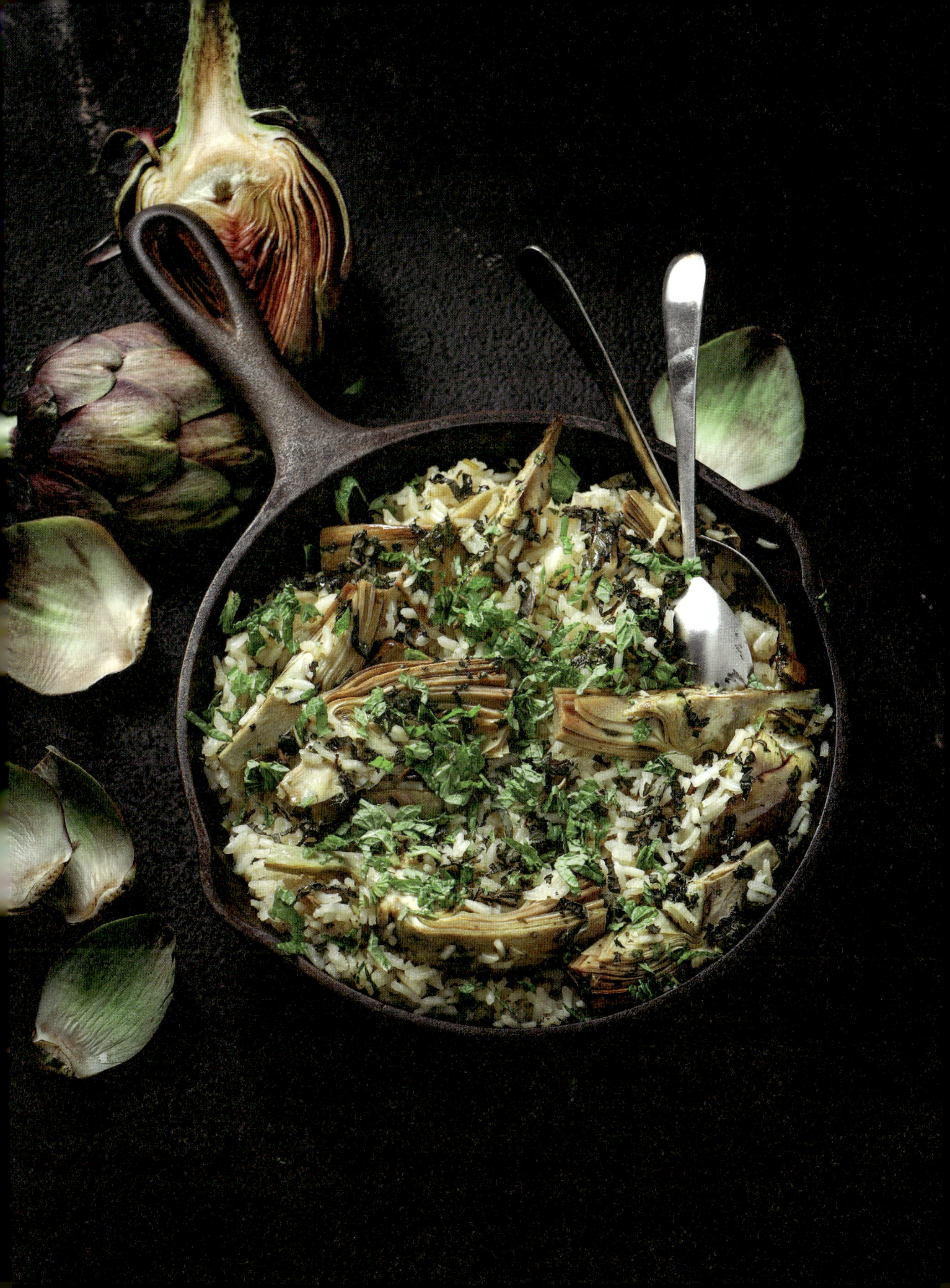

# NUDELN MIT KRÄUTERPESTO

**2 PORTIONEN | 4 PORTIONEN**   **20 MIN.**

Ein tolles Gericht, in dem man das ungeliebte grüne Gemüse geschickt und lecker verpacken kann.

## ZUTATEN

**150 g | 300 g** Casarecce (wahlweise auch Penne oder andere Nudeln)

**150 g | 300 g** TK-Brokkoli

**2 EL | 4 EL** TK-Kräuter nach Wahl

**50 g | 100 g** Mandeln

**1 TL | 2 TL** Olivenöl

Saft von **½ | 1** Zitrone

**20 g | 40 g** geriebener Parmesan

**4 EL | 8 EL** Pastawasser

Salz

Pfeffer

## ZUBEREITUNG

1. Die Casarecce nach Packungsanleitung bissfest garen. Etwas Pastawasser zurückbehalten.

2. In der Zwischenzeit den Brokkoli in Salzwasser 3 Minuten garen.

3. Anschließend ein Drittel der gegarten Brokkoliröschen in einen Standmixer geben. Ein Drittel der Mandeln, Olivenöl, Zitronensaft, Parmesan, TK-Kräuter und Pastawasser hinzugeben und in einem
Mixer fein pürieren.

4. Das Pesto mit Salz und Pfeffer abschmecken.

5. Die restlichen Mandeln fein hacken.

6. Die Casarecce mit dem restlichen Brokkoli, Pesto und gehackten Mandeln servieren und genießen.

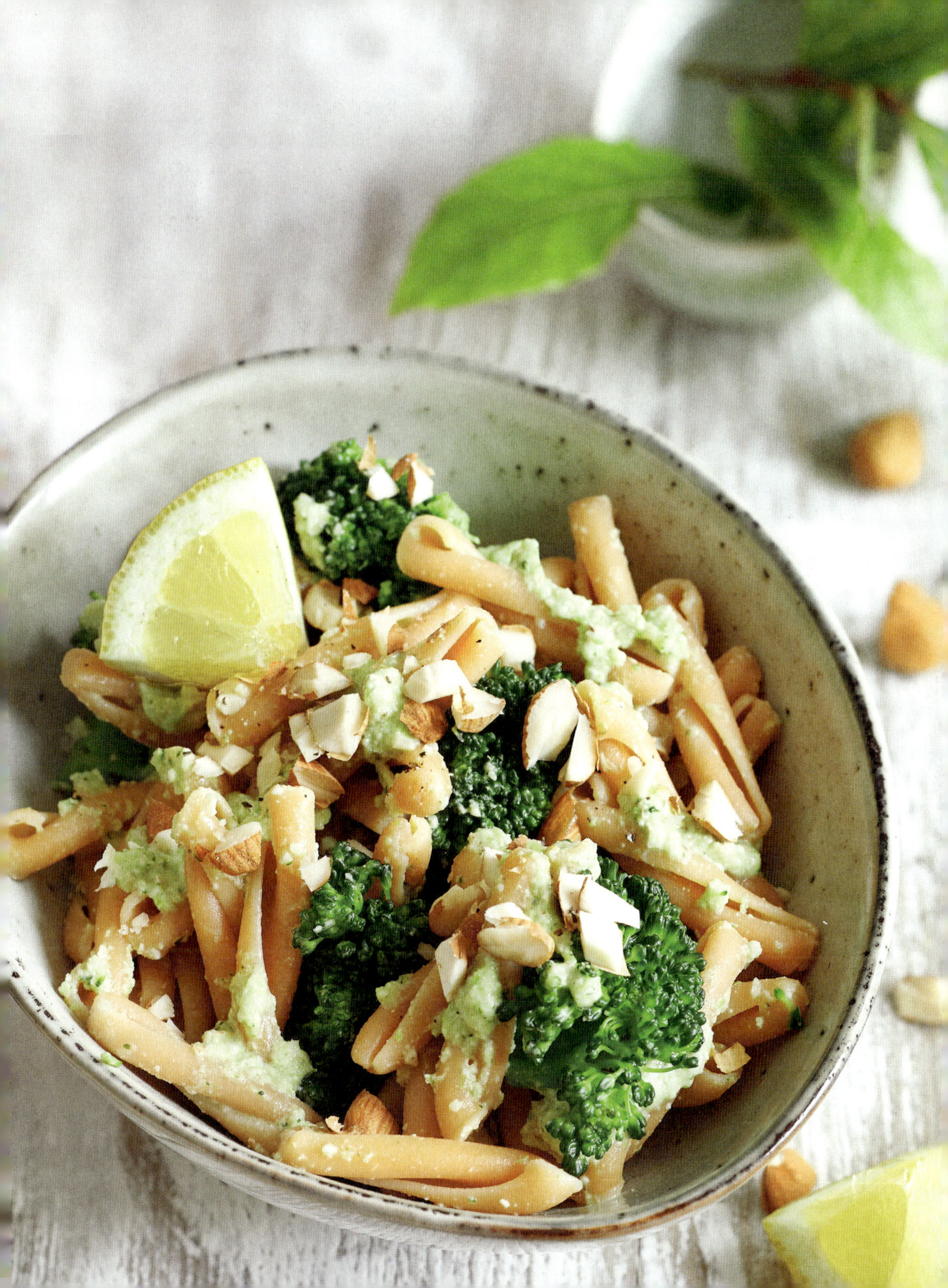

# KARTOFFELSTRUDEL MIT SAUERKRAUT

**2 PORTIONEN | 4 PORTIONEN**  **1 STD. 20 MIN.**

Also, Apfelstrudel wäre Ihren Kindern vielleicht lieber. Aber Sie werden sie auch mit dieser herzhaften Variante überzeugen können.

## ZUTATEN

**150 g | 300 g** festkochende Kartoffeln

Salz

**250 g | 500 g** Sauerkraut (Dose)

**1 EL | 2 EL** TK-Petersilie

**75 g | 150 g** Sauerrahm

**1 TL | 2 TL** Paprikapulver edelsüß

Pfeffer

**30 g | 60 g** Butter

**½ | 1** Pkg Strudelteig

## ZUBEREITUNG

1. Den Backofen auf 200 °C (Ober-/Unterhitze) vorheizen. Ein Backblech mit Backpapier belegen. Kartoffeln waschen und in wenig Salzwasser etwa 30 Minuten köcheln lassen. Abgießen und ausdampfen lassen.

2. Das Sauerkraut aus der Dose in eine Schüssel geben. Die Kartoffeln pellen und klein würfeln und mit Sauerkraut, Sauerrahm, Paprikapulver und Petersilie vermischen. Mit Salz und Pfeffer würzen.

3. Die Butter schmelzen. Teig auf einem Küchentuch auslegen und in drei gleich große Stücke teilen. Das erste Stück mit geschmolzener Butter bestreichen und ein weiteres Teigstück darauflegen. Wieder mit Butter bestreichen und das dritte Teigstück darauflegen.

4. Die Sauerkrautmischung mittig darauf verteilen, dabei einen Rand von 5 cm frei lassen. Die freien Teigränder über die Füllung klappen. Den Strudel mithilfe des Küchentuchs aufrollen und mit der Naht nach unten auf das Blech legen.

5. Strudel mit restlicher Butter bestreichen und im Ofen auf der mittleren Schiene etwa 30 Minuten backen. Herausnehmen und vor dem Servieren kurz abkühlen lassen.

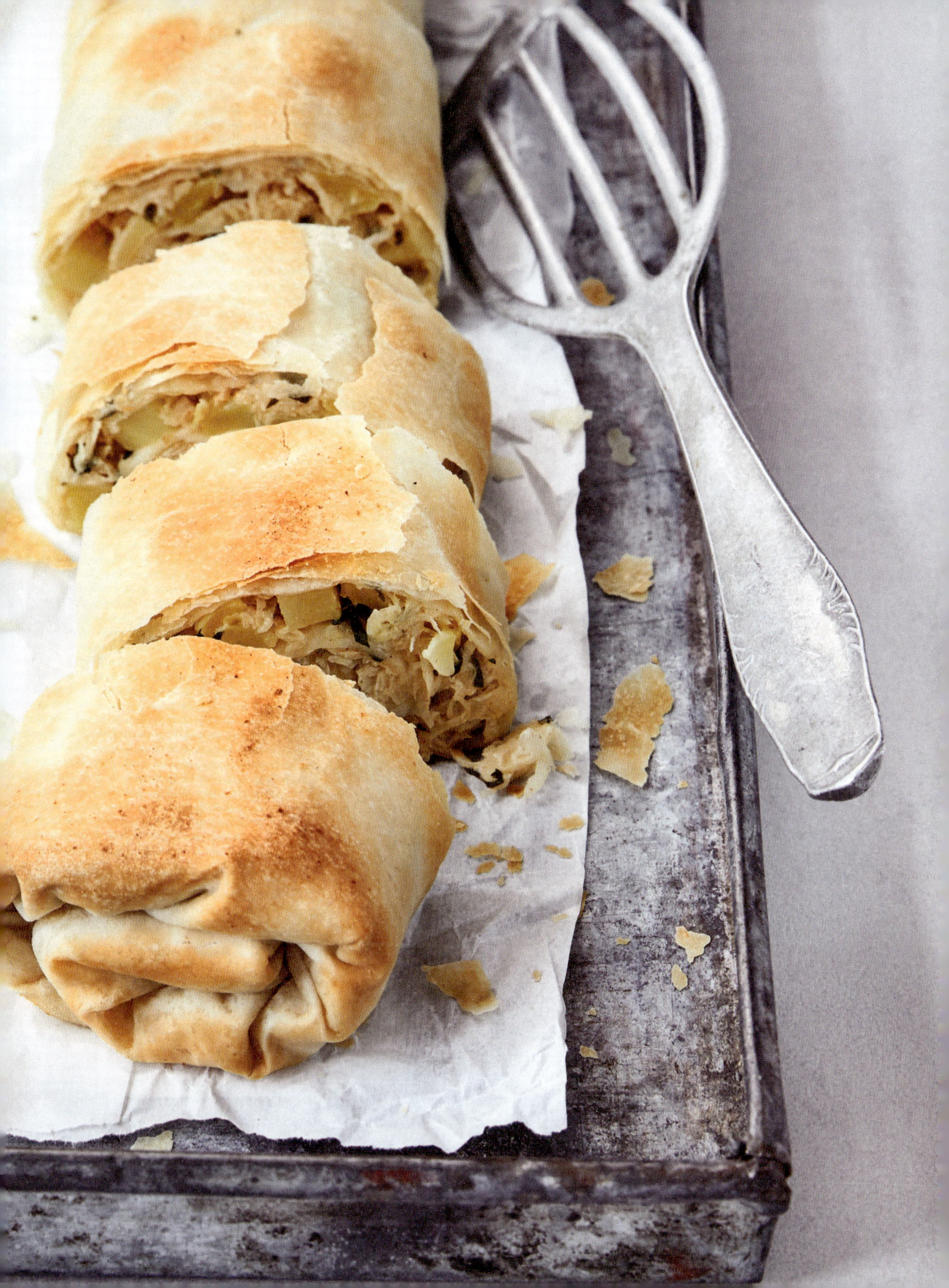

# SPAGHETTI BOLOGNESE MIT LINSEN

**2 PORTIONEN | 4 PORTIONEN**  **2 STD.**

Wenn gerade kein Hackfleisch zur Hand ist, kann man Spaghetti Bolognese auch genauso gut vegetarisch zubereiten.

## ZUTATEN

**1 | 2** Zwiebeln

**100 g | 200 g** TK-Suppengemüse

**1 EL | 2 EL** Olivenöl

**1 EL | 2 EL** Tomatenmark

**1 TL | 2 TL** Honig

**75 g | 150 g** Linsen (getrocknet)

**1 | 2** Dose(n) geschälte Tomaten

**100 ml | 200 ml** Gemüsebrühe

**2 | 4** Knoblauchzehen

**1 | 2** Zweig(e) Rosmarin

**2 | 3** Lorbeerblätter

Salz

Pfeffer

**150 g | 300 g** Spaghetti

**30 g | 60 g** Parmesan

## ZUBEREITUNG

1. Zwiebel(n) schälen und fein würfeln.

2. Olivenöl in einen heißen Topf geben und das TK-Gemüse darin bei mittlerer bis hoher Hitze ca. 8 Minuten anbraten. Dabei gelegentlich umrühren. Tomatenmark und Honig dazugeben und ca. 2 Minuten unter häufigem Rühren rösten. Die Linsen hinzufügen und mit den Tomaten sowie nach Belieben mit der Gemüsebrühe ablöschen.

3. Knoblauch schälen und klein hacken. Den Rosmarin waschen, trocken schütteln und die Nadeln von den Zweigen zupfen. Mit dem Lorbeerblatt und dem Knoblauch in den Topf geben. Die Sauce kurz aufkochen und dann bei geringer Hitze mit geschlossenem Deckel ca. 90 Minuten köcheln lassen. Kräftig mit Salz und Pfeffer abschmecken.

4. Kurz vor Ende der Kochzeit der Bolo-gnese-Sauce die Spaghetti nach Packungsanweisung zubereiten. Währenddessen den Parmesan fein reiben.

5. Die Spaghetti in einem Sieb abgießen und abtropfen lassen. Mit der Sauce vermengen, mit dem Parmesan bestreuen.

## TIPP

Diese Sauce kann man auch wunderbar auf Vorrat kochen und einfrieren.

# FRUCHTIGER DATTELREIS

**2 PORTIONEN | 4 PORTIONEN**  **35 MIN.**

Dieser Reis kann sowohl warm als Hauptspeise als auch kalt als Beilage zum Salat gegessen werden.

## ZUTATEN

**250 g | 500 g** Reis

**1 | 2** Zwiebel(n)

**100 g | 200 g** Rosinen

**4 | 8 EL** Öl

**50 g | 100 g** gehackte Mandeln (wahlweise auch andere Nüsse)

Salz

Pfeffer

**1 | 2 EL** Paprikapulver

gemahlener Zimt

**600 ml | 1,2 l** Gemüsebrühe

**8 | 16** getrocknete Datteln

## ZUBEREITUNG

1. Den Reis waschen und abtropfen lassen. Die Zwiebel schälen und fein würfeln. Die Rosinen mit 100 ml heißem Wasser begießen.

2. Das Pflanzenöl in einem breiten Topf erhitzen, die Zwiebelwürfel darin glasig dünsten. Reis und Mandelstifte dazugeben und etwa 2 Minuten mitbraten. Den Reis mit Salz, Pfeffer und **1 Prise | 2 Prisen** Zimt würzen.

3. Die Gemüsebrühe dazugießen und aufkochen, den Reis zugedeckt bei mittlerer Hitze etwa 20 Minuten garen. Kurz bevor die Flüssigkeit aufgesogen ist, die Rosinen unterheben und mitgaren.

4. Die Datteln halbieren, entsteinen und in Streifen schneiden. Den Rosinenreis abschmecken und die Dattelstreifen untermischen. Den Reis in einer Schüssel abkühlen lassen.

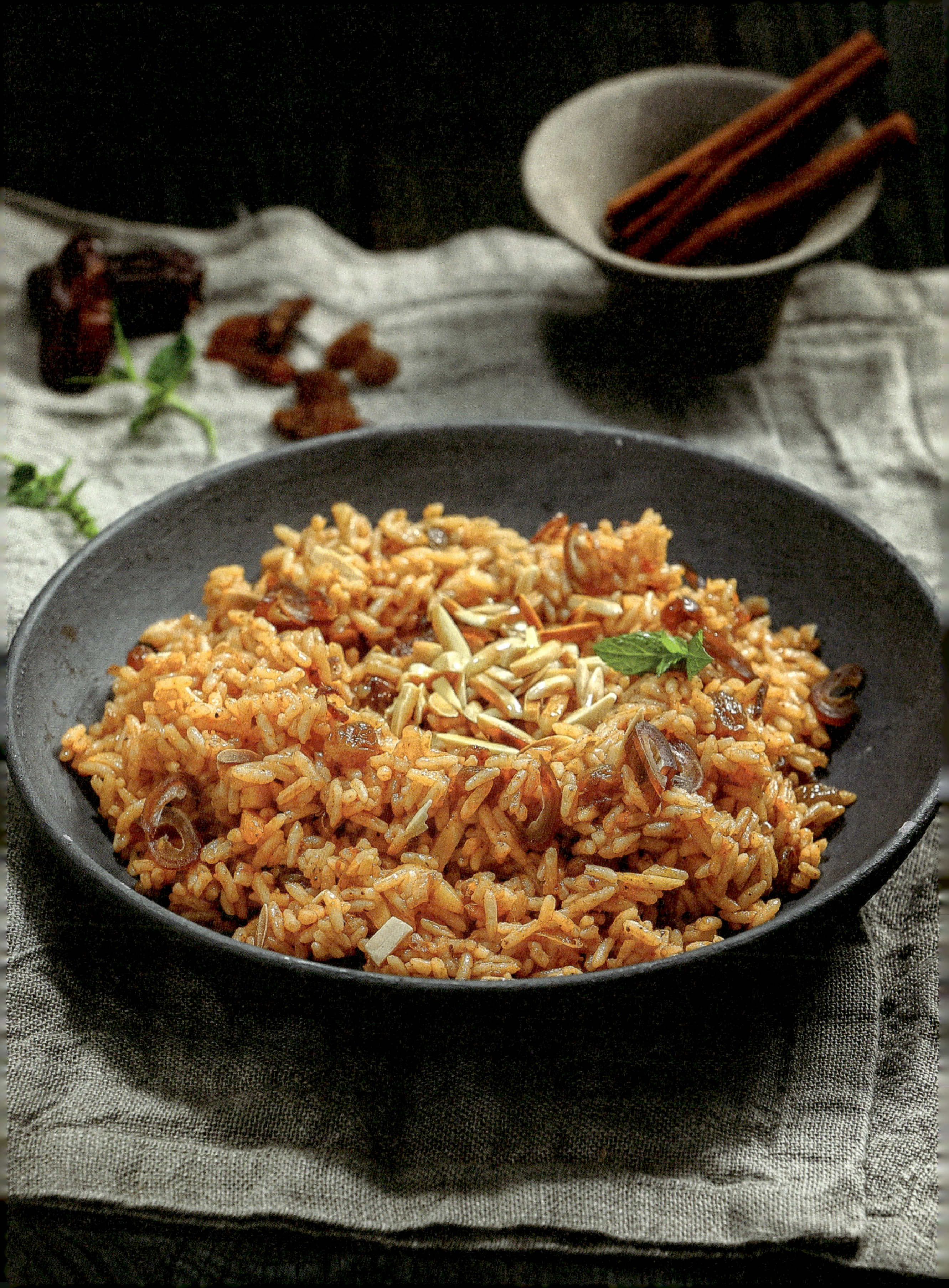

# PENNE „AI FUNGHI"

**2 PORTIONEN | 4 PORTIONEN**  **25 MIN.**

Penne mit Tomatensauce gehen immer. Um etwas Pepp in die Sache reinzubringen, bieten sich einfache Zutaten wie Pilze aus dem Glas an.

## ZUTATEN

**150 g | 300 g** Penne

**1 | 2** Zwiebel(n)

**250 g | 500 g** Champignons (Glas)

**2 | 4 EL** Olivenöl

Salz

Pfeffer

**300 ml | 600 ml** passierte Tomaten (Dose)

**40 g | 80 g** frisch geriebener Parmesan

## ZUBEREITUNG

1. Die Penne in leicht gesalzenem Wasser nach Packungsanleitung bissfest garen.

2. Die Zwiebeln abziehen und fein hacken. Die Champignons aus dem Glas abgießen und dann in Scheiben schneiden.

3. Das Öl in einer beschichteten Pfanne erhitzen. Zwiebeln und Champignons darin anbraten, salzen und pfeffern. Dann bei geschlossenem Deckel weitere 3 Minuten garen. Die passierten Tomaten dazugeben und etwas einköcheln lassen. Mit Salz und Pfeffer abschmecken.

4. Die Nudeln abgießen und zusammen mit dem Parmesan unter die Sauce rühren.

## TIPP

Streuen Sie frisch gehackte glatte Petersilie auf die fertigen Penne. Anstelle von Pilzen können Sie auch Zucchini verwenden, dann passt frischer Thymian sehr gut dazu.

# EINFACHE PIZZA

**2 PORTIONEN | 4 PORTIONEN**     **40 MIN.**

Pizza geht einfach immer. Wirklich immer. Und wenn Sie sie gemeinsam mit der Familie backen, macht es auch noch doppelt Spaß.

## ZUTATEN

¼ | ½ Würfel frische Hefe

**250 g** | **500 g** Weizenmehl

**½** | **1 TL** Salz

### FÜR DIE SAUCE

**½** | **1** Knoblauchzehe

**1** | **2 EL** Tomatenmark

**200 g** | **400 g** gehackte Tomaten (Dose)

Salz

Pfeffer

Zucker

**1 EL** | **2 EL** TK-Kräuter

## ZUBEREITUNG

1. Für den Teig die Hefe in **140 ml** | **280 ml** lauwarmen Wasser auflösen, mit den restlichen Zutaten zu einem geschmeidigen Teig verkneten und ca. 1 Stunde ruhen lassen.

2. Den Knoblauch schälen, in feine Würfel schneiden und mit Tomatenmark und den Dosentomaten vermengen. Mit Salz, Pfeffer und 1 Prise Zucker abschmecken. Die TK-Kräuter ebenfalls in die Sauce rühren.

3. Nachdem der Teig schön aufgegangen ist, gleichmäßige Kugeln formen (je nachdem wie groß die Pizzen werden sollen, etwa 120–150 g). Anschließend die Kugeln zu einem flachen Pizzaboden formen. Danach den Teig mit der Sauce bestreichen und nach Belieben z. B. mit Büffelmozzarella und Kräutern, frischem Grillgemüse oder getrockneten Tomaten und Pinienkernen belegen.

4. Fertig belegte Pizza bei 200 °C (Ober-/Unterhitze) für 10 Minuten im Ofen backen.

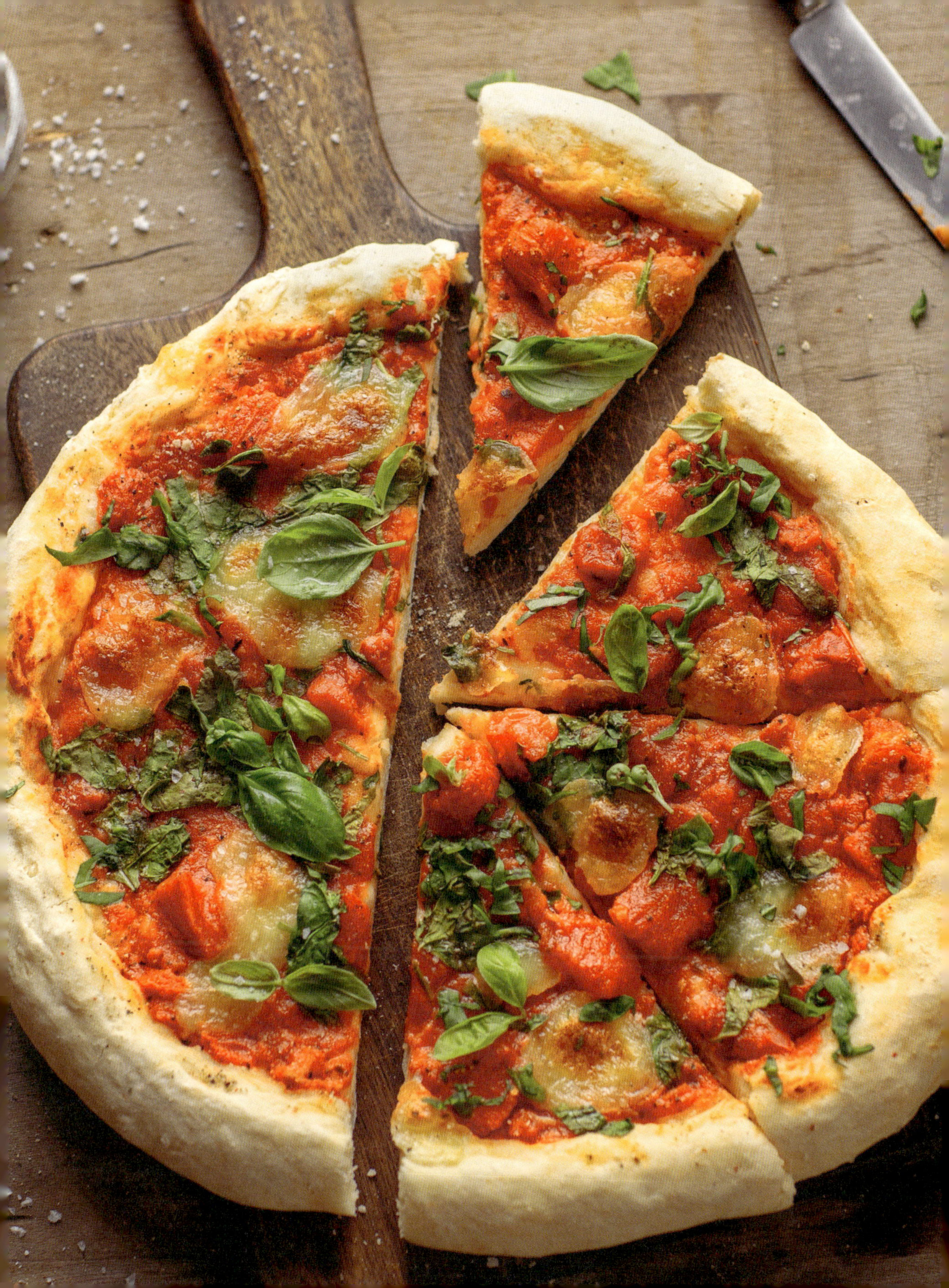

# SPINAT-FRISCHKÄSE-NUDELN

**2 PORTIONEN | 4 PORTIONEN**   **50 MIN.**

Ja, Spinat und Kinder sind immer so eine Sache. Aber bei diesem lecker-herzhaften Nudelgericht werden selbst die Kleinen schwach.

## ZUTATEN

**160 g | 320 g** Nudeln (nach Wahl)

**1 | 2** Knoblauchzehe(n)

**1 | 2** rote Zwiebel(n)

**200 g | 400 g** TK-Spinat

**1 | 2 TL** Olivenöl

**40 g | 80 g** Frischkäse

**100 ml | 200 ml** Sahne

Salz

Pfeffer

geriebene Muskatnuss

## ZUBEREITUNG

1. Die Nudeln nach Packungsanleitung bissfest garen.

2. In der Zwischenzeit Knoblauch und Zwiebeln schälen und fein hacken. Den TK-Blattspinat in einem Topf erhitzen.

3. In einer Pfanne das Olivenöl erhitzen und den Knoblauch und die Zwiebeln bei mittlerer Temperatur glasig andünsten.

4. Nun den Frischkäse und die Sahne einrühren, bis sich der Käse aufgelöst hat.

5. Zum Schluss den Blattspinat unter die Frischkäse-Sahne-Mischung rühren.

6. Mit Salz, Pfeffer und Muskat abschmecken, mit den Nudeln anrichten und anschließend servieren.

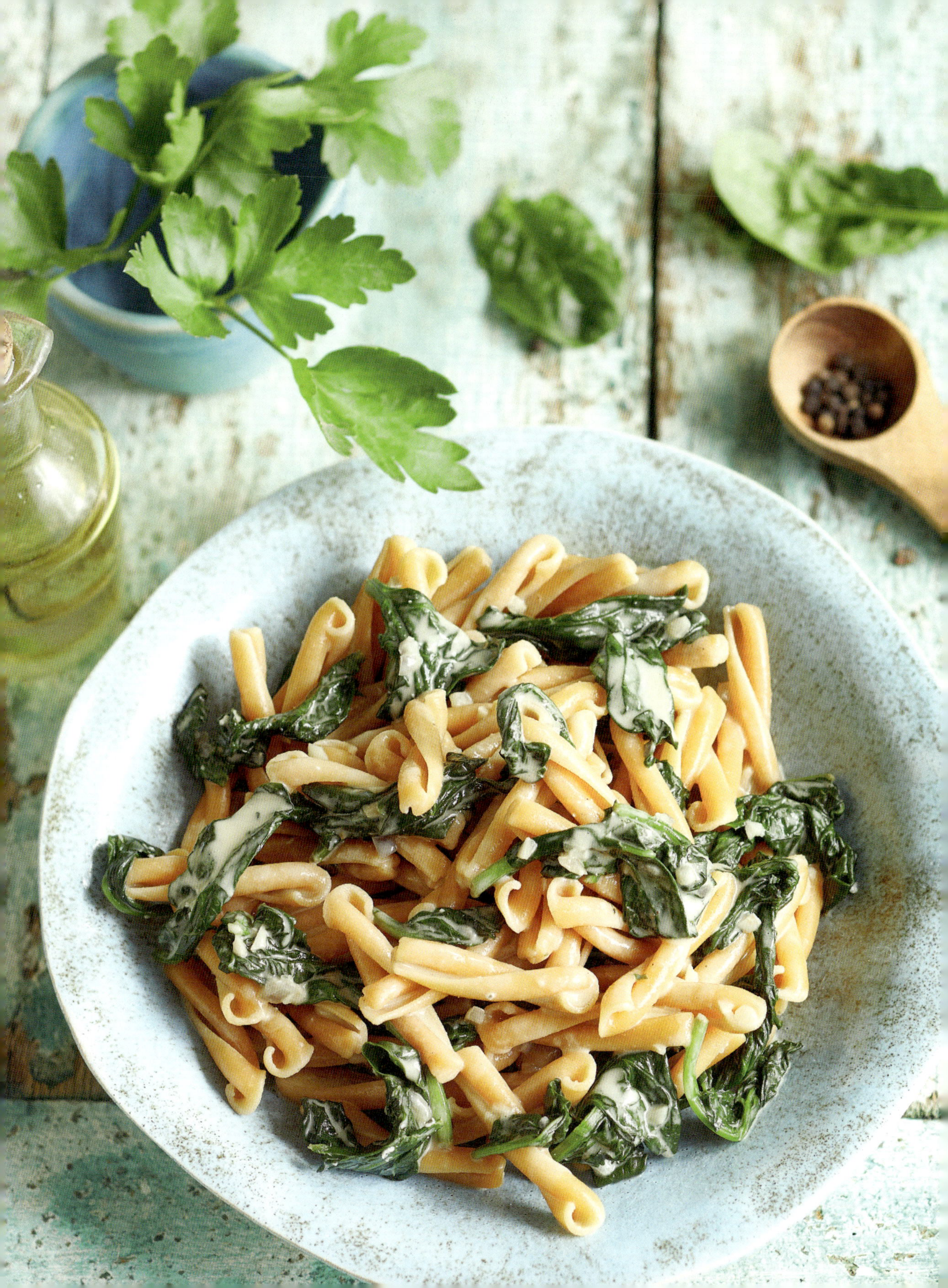

# SPAGHETTI „AL POMODORO" MIT GARNELEN

**2 PORTIONEN | 4 PORTIONEN**    **20 MIN.**

Darf es ein Hauch Süden für zuhause sein? Dann ist dieses Rezept genau das Richtige um etwas Urlaubs-Feeling in Ihre eigenen 4 Wände zu bekommen.

## ZUTATEN

**100 g | 150 g** TK-Garnelen

**150 g | 300 g** Spaghetti

**1 | 2** Zwiebel(n)

**2 EL | 4 EL** Olivenöl

**200 g | 400 g** stückige Tomaten (Dose)

**1 | 2** Prise(n) Zucker

Salz

Pfeffer

## ZUBEREITUNG

1. Die Garnelen auftauen. Die Spaghetti nach Packungsanleitung in leicht gesalzenem Wasser bissfest kochen.

2. Die Zwiebel abziehen und fein hacken. Öl in einer beschichteten Pfanne erhitzen. Zwiebel darin glasig dünsten. Garnelen hinzufügen und von beiden Seiten anbraten. Mit den stückigen Tomaten ablöschen. Mit Zucker, Salz und Pfeffer abschmecken.

3. Die Spaghetti abgießen und mit der Garnelen-Tomatensauce in einem tiefen Teller servieren.

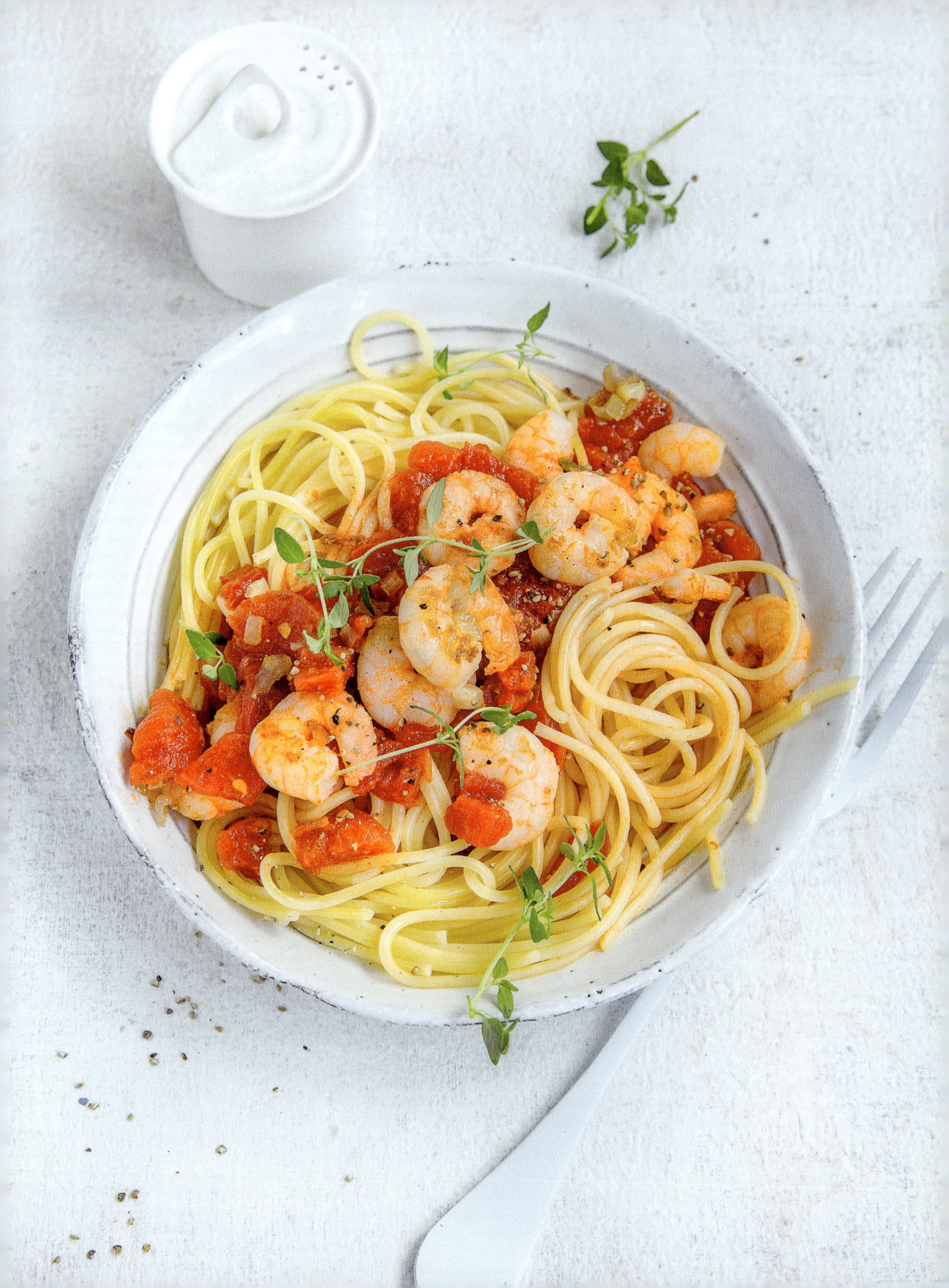

# KROATISCHE FEUERPFANNE MIT SAUERKRAUT

**2 PORTIONEN | 4 PORTIONEN**  **25 MIN.**

Wussten Sie, dass Sauerkraut aus der Dose einen deutlich höheren Vitamin C-Anteil enthält als frisches? Kramen Sie doch gleich mal eine Dose für dieses Rezept heraus.

## ZUTATEN

**2 | 4** Zwiebeln

**300 g | 600 g** Schweinefilet

**1 EL | 2 EL** Rapsöl

**1 | 2** kleine Dose(n) Sauerkraut

**200 ml | 400 ml** Gemüsebrühe

**3 EL | 6 EL** Ajvar

**1 TL | 2 TL** Paprikapulver

**1 TL | 2 TL** Kümmel, gemahlen

Salz

Pfeffer

## ZUBEREITUNG

1. Die Zwiebeln abziehen und in feine Spalten schneiden. Das Schweinefilet kalt abbrausen, trocken tupfen und zuerst in Scheiben, diese dann längs in Streifen schneiden.

2. Das Öl in einer beschichteten Pfanne erhitzen, Zwiebeln darin glasig dünsten. Die Filetstreifen darin unter Rühren bei mittlerer Hitze 2-3 Minuten anbraten.

3. Sauerkraut, Brühe und Ajvar dazugeben, alles gut verrühren. Mit Paprikapulver und Kümmel würzen, mit Salz und Pfeffer abschmecken. Alles bei mittlerer Hitze 6-8 Minuten kochen lassen.

### TIPP

Dazu passen entweder Salzkartoffeln oder eine Portion Reis.

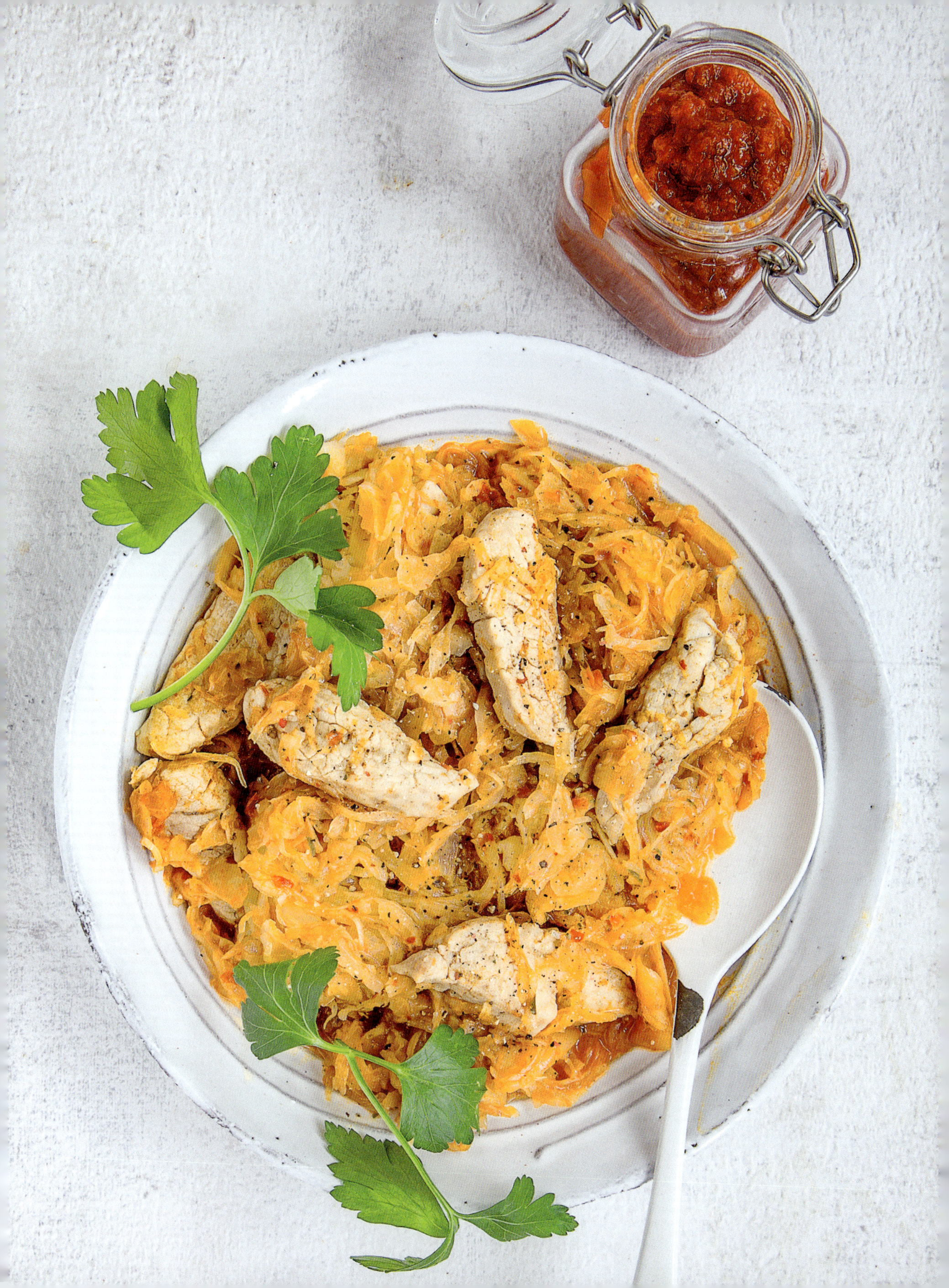

# LINGUINE „ALLA PUTTANESCA"

**2 PORTIONEN | 4 PORTIONEN** ⏱ **30 MIN.**

Die scharf-würzige Tomatensauce aus Süditalien mit den charakteristischen Aromen von Sardellen und Kapern schmeckt einfach toll und ist auch schnell gemacht.

## ZUTATEN

2 | 4 Knoblauchzehen

½ | 1 Bund frische Petersilie

2 | 4 Sardellenfilets in Öl eingelegt (Dose)

1 EL | 2 EL eingelegte Kapern

50 g | 100 g schwarze Oliven, entkernt (Glas)

3 EL | 6 EL Olivenöl

1 | 2 Dose(n) geschälte Tomaten mit Saft

2–3 EL | 4-5 EL Rotwein (alternativ Brühe)

250 g | 500 g Linguine

Salz

Pfeffer

## ZUBEREITUNG

1. Die Knoblauchzehen schälen und fein würfeln. Die Chilischote halbieren, entkernen und klein schneiden oder zerbröseln. Die Petersilie waschen, trocken schütteln, die Blätter abzupfen und fein hacken. Die Sardellenfilets kalt abspülen, trocken tupfen und fein hacken. Die Kapern zerdrücken oder zerkleinern. Die Oliven klein schneiden.

2. Das Olivenöl in einer großen, tiefen Pfanne erhitzen und darin Knoblauch und Chili ca. 1 Minute andünsten. Die Sardellen sowie die Tomaten mit Saft und den Wein hinzufügen und alles bei geringer Hitze etwa 20 Minuten schmoren lassen.

3. Inzwischen die Nudeln in reichlich Salzwasser nach Packungsanweisung bissfest garen. Die Sauce mit Salz und Pfeffer abschmecken. Oliven und Kapern unterschwenken.

4. Die gekochten Nudeln mit der Petersilie unter die Sauce mischen und sofort servieren. Dazu schmeckt ein grüner Salat mit einer leichten Vinaigrette.

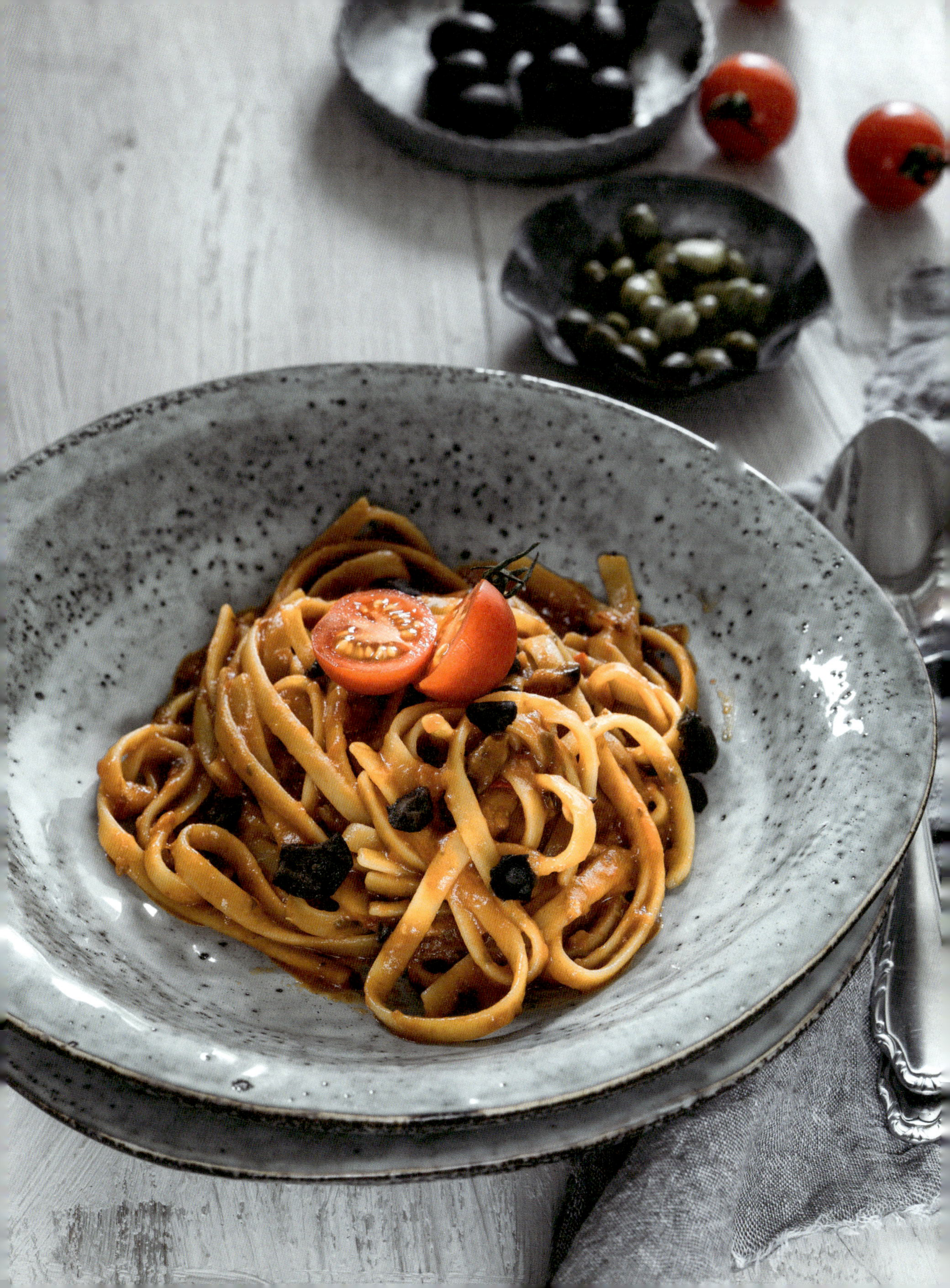

# INDISCHES HÄHNCHEN

**2 PORTIONEN | 4 PORTIONEN**   **1 STD. 30 MIN.**

Sie haben noch eingefrorenes Fleisch? Dann nichts wie ab damit in die Pfanne.

## ZUTATEN

2 | 4 kleine Hähnchenbrüste (gefroren)

125 g | 250 g Joghurt

2 EL | 4 EL Currypulver

1 | 2 große Paprika

½ | 1 Zwiebel

100 g | 200 g Basmatireis

1 EL | 2 EL Olivenöl

Salz

## ZUBEREITUNG

1. Die Hähnchenbrüste auftauen lassen, kalt abbrausen, trocken tupfen und in mundgerechte Stücke schneiden. Zusammen mit dem Joghurt, **1 Prise | 2 Prisen** Salz sowie dem Currypulver in eine Schale geben und vermengen. Im Kühlschrank ca. 1 Stunde marinieren.

2. Die Paprika waschen und in 2 cm große Stücke schneiden. Die Zwiebel abziehen und fein hacken. Den Basmatireis nach Packungsanleitung gar ziehen.

3. Das Öl in einer beschichteten Pfanne erhitzen, Zwiebeln darin glasig dünsten, dann Hähnchenfleisch und Paprika hinzufügen und ca. 10 Minuten fertig garen.

### TIPP

Sie mögen das Curry lieber ohne Fleisch zubereiten? Kein Problem: Verwenden Sie statt der Hähnchenbrüste 2 bzw. 4 vorgegarte Kartoffeln.

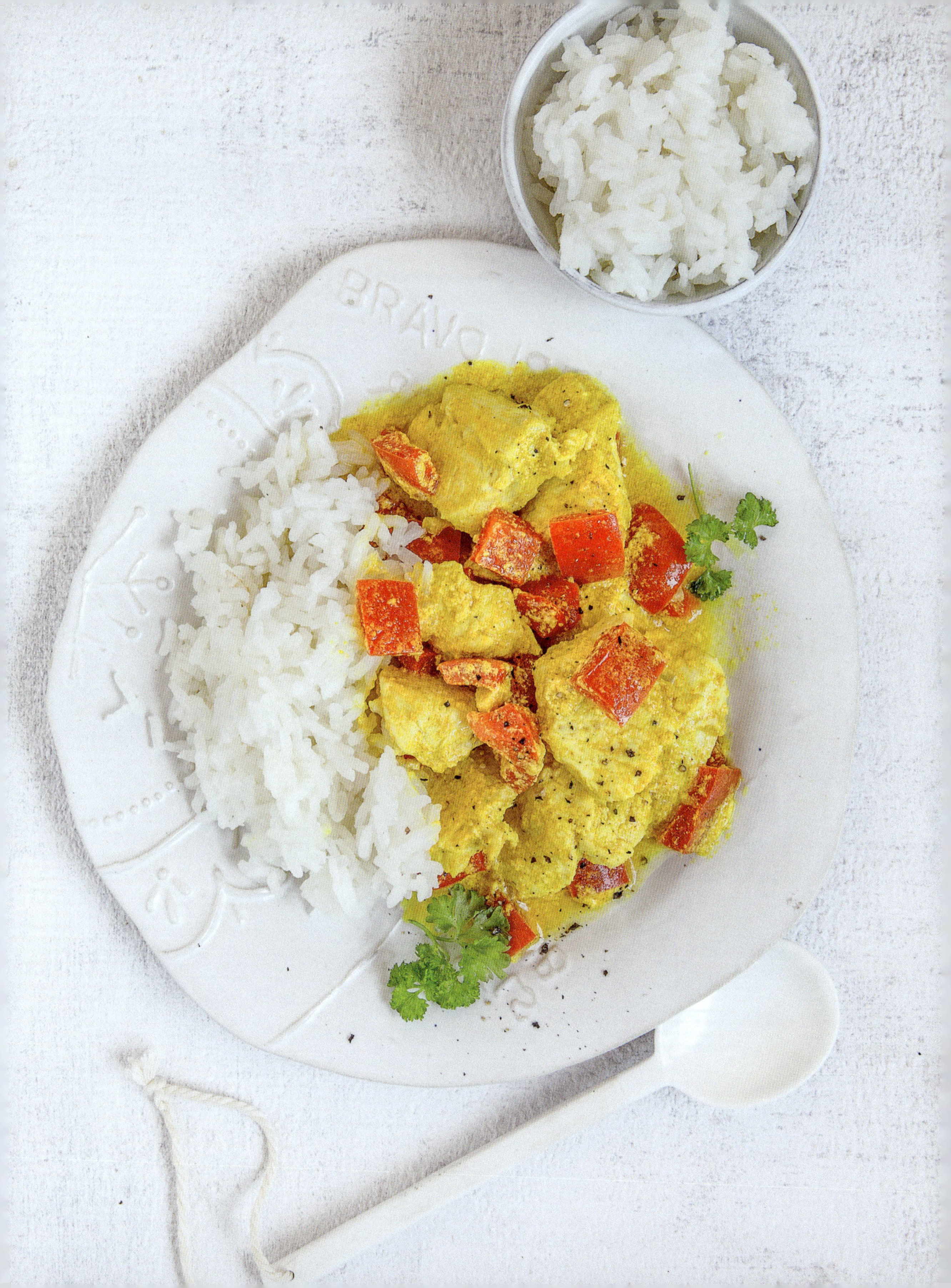

# MAROKKANISCHE CALAMARI MIT BULGUR

**2 PORTIONEN | 4 PORTIONEN**  **30 MIN.**

Es lohnt sich allemal, ein paar Meeresfrüchte oder Tintenfische tiefgekühlt parat zu haben. Schon allein für dieses leckere Gericht.

## ZUTATEN

**100 g | 200 g** Bulgur

**250 g | 500 g** TK-Tintenfischringe

**100 g | 200 g** TK-Erbsen

**1 EL | 2 EL** Öl

**200 g | 400 g** stückige Tomaten (Dose)

**1 TL | 2 TL** Harissa

Salz

Pfeffer

## ZUBEREITUNG

1. Den Bulgur in eine Schüssel geben, salzen und mit kochend heißem Wasser übergießen, sodass er vollständig bedeckt ist. Etwa 5–10 Minuten quellen lassen.

2. Die Tintenfischringe und Erbsen antauen lassen. Das Öl in einem Topf erhitzen und die Tintenfischringe unter Wenden etwa 2–3 Minuten anbraten, dann herausnehmen und beiseitestellen. Erbsen, Tomaten und **1 TL | 2 TL** Harissa in den Topf geben und offen einige Minuten bei mittlerer Hitze garen. Die Tintenfische dazugeben und weitere 5 Minuten mitgaren. Mit Salz und Pfeffer abschmecken.

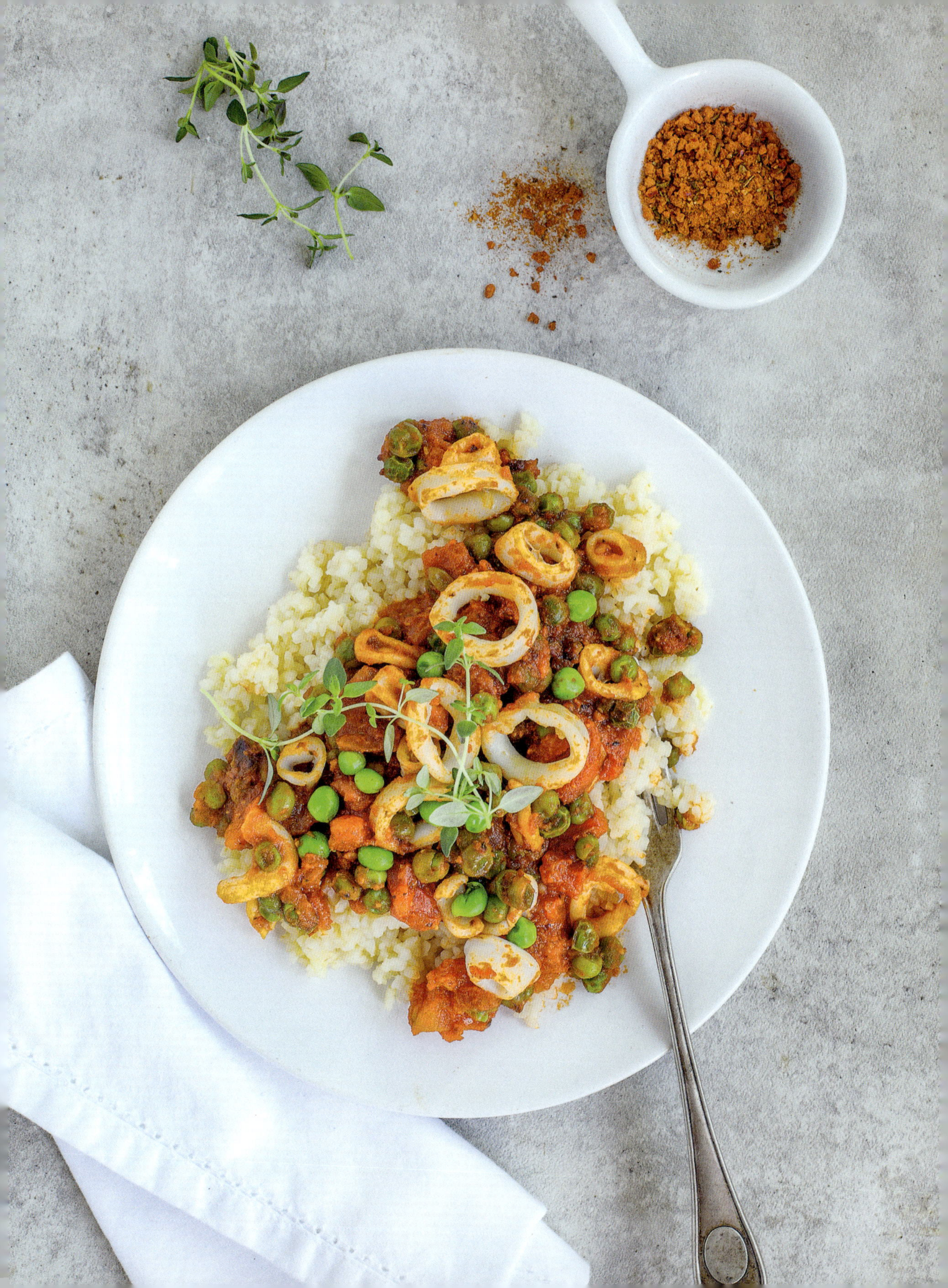

# SPARGEL-RISOTTO MIT LACHS

**2 PORTIONEN | 4 PORTIONEN**  **30 MIN.**

Hier kommt Trick 17: Eine Dose Spargelcremesuppe macht das bekannte Reisgericht ohne viel Aufwand super cremig und richtig aromatisch. Unbedingt mal ausprobieren!

## ZUTATEN

**1 | 2** Zwiebel(n)

**2 EL | 4 EL** Olivenöl

**200 g | 400 g** Risottoreis

**1 | 2** Dose(n) Spargelcremesuppe

**125 ml | 250 ml** Gemüsebrühe

**400 g | 800 g** grüner Spargel aus dem Glas

Salz

Pfeffer

**100 g | 200 g** Räucherlachs

## ZUBEREITUNG

1. Die Zwiebel schälen und fein würfeln. 1 EL Öl in einem Topf erhitzen. Die Zwiebel darin andünsten. Den Reis zugeben und unter Wenden kurz dünsten, bis er glasig wird. Die Suppe und die Brühe angießen, alles aufkochen und bei kleiner Hitze ca. 20 Minuten köcheln lassen. Dabei öfter umrühren.

2. Inzwischen den Spargel schräg in ca. 3–4 cm lange Stücke schneiden. 1 EL Öl in einer beschichteten Pfanne erhitzen. Den Spargel darin unter Wenden ungefähr 5–6 Minuten braten, bis er gar ist, aber noch leicht Biss hat. Mit Salz würzen.

3. Das Risotto mit Salz und Pfeffer abschmecken und anrichten. Den Spargel und den Lachs darauf verteilen.

## TIPP

Alternativ können Sie auch TK-Lachs verwenden. Einfach kurz anbraten und auf das Risotto geben.

# RINDERGULASCH MIT PENNE

**2 PORTIONEN | 4 PORTIONEN**  **40 MIN.**

Perfektes Rezept, wenn Sie noch Fleisch eingefroren haben ... und Gulasch kommt bei den Kleinen doch immer gut an.

## ZUTATEN

**300 g | 600 g** Rindfleisch

**2 | 4** rote Zwiebeln

**1 EL | 2 EL** Rapsöl

**½ EL | 1 EL** Paprikapulver

Salz

Pfeffer

**200 ml | 400 ml** passierte Tomaten (Dose)

**150 g | 300 g** Penne

## ZUBEREITUNG

Das Rindfleisch gegebenenfalls auftauen, kalt abbrausen, trocken tupfen und in kleine Würfel schneiden. Die Zwiebeln abziehen und in Streifen schneiden.

1. Das Öl in einem Schmortopf erhitzen, das Fleisch von allen Seiten darin anbraten, mit Paprikapulver sowie Salz und Pfeffer würzen. Die Zwiebeln dazugeben und mit andünsten. Dann die passierten Tomaten und **100 ml | 200 ml** Wasser dazugeben. Das Ganze bei niedriger Temperatur etwa 1 Stunde schmoren lassen, bis das Fleisch weich ist.

2. In der Zwischenzeit die Penne nach Packungsanleitung kochen, abgießen und zum Gulasch servieren.

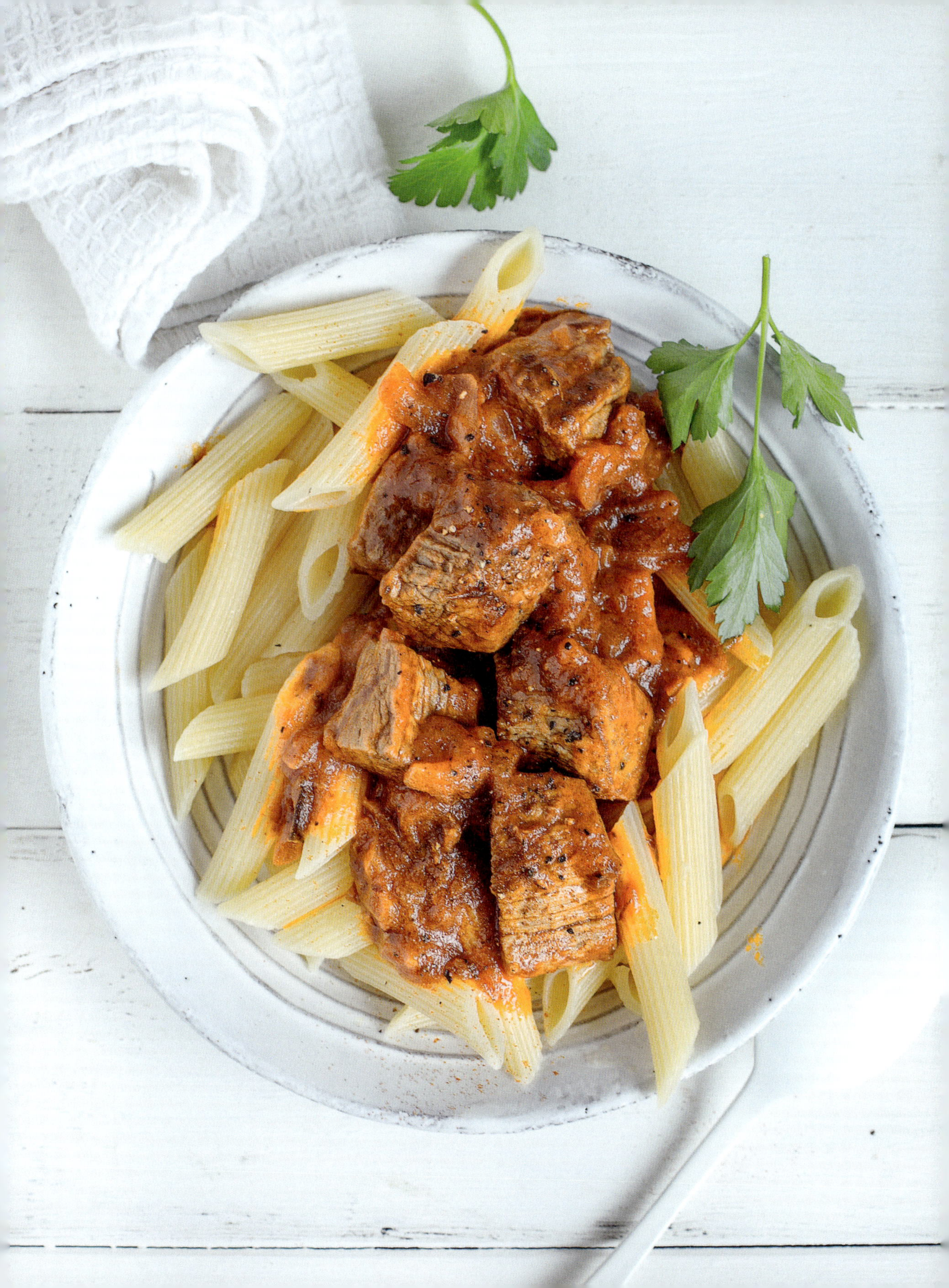

# KLEBREIS MIT FRÜCHTEN

**2 PORTIONEN | 4 PORTIONEN**  **40 MIN.**

Ein tolles Dessert, das sich aber auch als hervorragend als Frühstücksbrei eignet.

## ZUTATEN

Salz

**150 g | 300 g** Klebreis

**200 g | 400 g** Pfirsiche (Glas)

**200 g | 400 g** Ananasecken (Dose)

**100 ml | 200 ml** gesüßte Kokosmilch (Dose)

Zucker (nach Belieben)

## ZUBEREITUNG

1. **300 ml | 600 ml** Wasser mit etwas Salz in einer beschichteten Pfanne mit hohem Rand oder in einem Wok aufkochen. Den Klebreis einrühren und bei mittlerer Hitze 18–20 Minuten garen, dabei immer wieder umrühren. Der Reis ist fertig, wenn die Flüssigkeit fast aufgesogen ist.

2. Inzwischen die Pfirsiche und die Ananasstücke abgießen.

3. Die Pfirsiche, Ananasstücke mit Saft und Kokosmilch nach und nach unter den Reis rühren. Den Reis entweder warm oder kalt servieren.

## TIPP

Falls Sie frisches, süß schmeckendes Ananasfruchtfleisch bekommen, keine Dosenananas verwenden. In einigen Supermärkten bekommen Sie frische Ananas bereits geschält.

# QUARK-BRÛLÉE MIT MANDARINEN

**2 PORTIONEN | 4 PORTIONEN**  **15 MIN.**

Erfrischend anders und umwerfend gut! Einfach am Vortag daran denken, den Quark abtropfen zu lassen, dann ist das köstliche Dessert im Handumdrehen fertig.

## ZUTATEN

**FÜR DIE QUARK-BRÛLÉE**

**400 g | 800 g** Quark (20 % Fett i.Tr.)

Mark von **½ | 1** Vanilleschote

**1 | 2** gehäufter EL Puderzucker

**1 TL | 2 TL** abgeriebene Bio-Zitronenschale

**FÜR DEN KOMPOTT**

**125 g | 250 g** Mandarin-Orangen (Dose)

**3 EL | 6 EL** Zucker

**1 EL | 2 EL** Zitronensaft

gemahlener Zimt

## ZUBEREITUNG

Den Quark auf ein feines Sieb oder in ein mit einem Mulltuch ausgelegtes Sieb geben und mindestens 1 Stunde, am besten über Nacht, abtropfen lassen. Anschließend den Quark mit Vanillemark, Puderzucker und Zitronenschale verrühren und auf **2 | 4** flache Schälchen verteilen. Kalt stellen.

1. Die Mandarin-Orangen abgießen und abtropfen lassen, die Flüssigkeit dabei auffangen. **1 EL | 2 EL** Zucker in einem kleinen Topf goldbraun karamellisieren lassen. Mit der Flüssigkeit und dem Zitronensaft ablöschen und den Karamell einkochen. **1 Prise | 2 Prisen** Zimt zugeben und alles ungefähr 5 Minuten köcheln lassen, bis die Flüssigkeit dickflüssig wird. Die Mandarin-Orangen zugeben und untermischen.

Die Quark-Brûlées nacheinander gleichmäßig mit je 1 EL Zucker bestreuen und sofort mit einem Gasbrenner oder unter dem heißen Backofengrill karamellisieren. Mit dem Mandarinen-Kompott noch warm servieren.

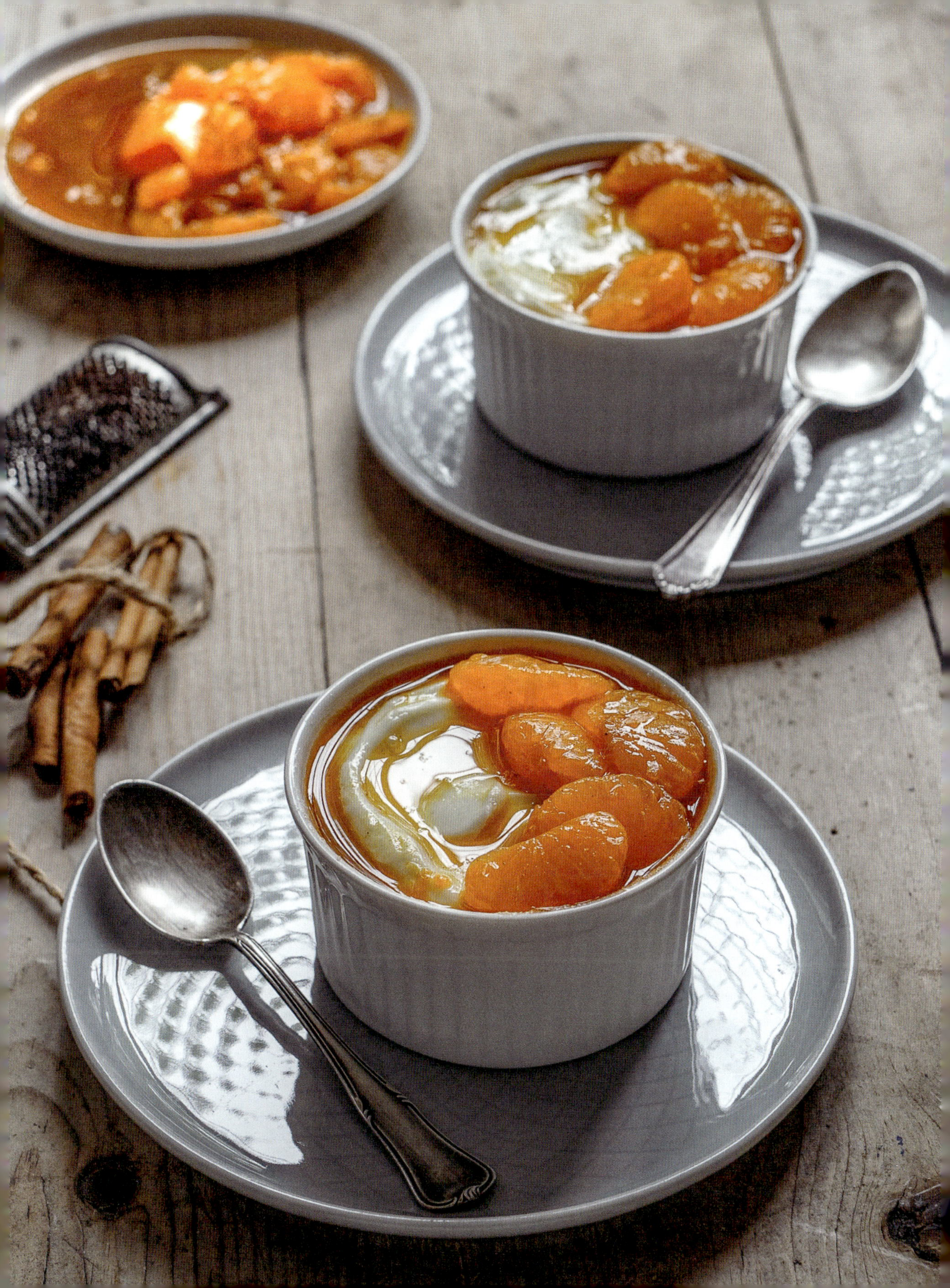

# GRIESSAUFLAUF MIT APRIKOSEN

**2 PORTIONEN | 4 PORTIONEN**  **50 MIN.**

Ob als Dessert oder süße Hauptspeise – diesen Auflauf kann man fast immer aus Vorratsbeständen zaubern.

## ZUTATEN

**600 ml | 1,4 l** Vollmilch

**100 g | 200 g** Grieß

**15 g | 30 g** Butter

**250 | 480 g** Aprikosen (Dose)

**1 | 2** Ei(er)

**1 EL | 2 EL** Vanillezucker

**250 g | 500 g** Quark

**2 EL | 4 EL** Mandelstifte

## ZUBEREITUNG

1. Die Milch in einem Topf aufkochen, Grieß einrühren und unter Rühren ca. 3 Minuten kochen lassen, Herd abschalten und den Grießbrei zugedeckt ausquellen lassen.

2. Für den Grießauflauf den Backofen auf 220 °C (Ober-/Unterhitze) vorheizen und eine Auflaufform mit etwas Butter einfetten. Die Aprikosen abtropfen lassen und in Spalten schneiden. Das Ei mit dem Vanillezucker leicht schaumig schlagen. Magerquark unterheben und den Grießbrei ebenfalls unterrühren.

3. Die Aprikosen in die gefettete Auflaufform verteilen und mit der Grießmasse übergießen. Mandelstifte und Butter in Flöckchen darauf verteilen und im heißen Ofen 30–35 Minuten goldgelb backen.

## TIPP

Sollten Sie keine Aprikosen zur Hand haben, können Sie für dieses Gericht auch jegliches Obst (frisch oder aus der Dose) verwenden.

# KASTENKUCHEN MIT WEISSER SCHOKOLADE

**1 KUCHEN**     **55 MIN.**

Langeweile am Nachmittag? Dann wäre eine kleine Backsession doch genau das richtige Mittel dagegen.

## ZUTATEN

200 g weiße Kuvertüre

40 g gehackte Pistazienkerne

2 EL Backkakaopulver

### FÜR DEN TEIG

250 g zimmerwarme Butter

250 g Zucker

2 Eier

400 g Mehl

1 Pck Backpulver

250 g Buttermilch

## ZUBEREITUNG

1. Für den Teig den Ofen auf 180 °C (Ober-/Unterhitze) vorheizen. Ein Backblech mit Backpapier auslegen. Die Butter mit dem Zucker in einer Schüssel mit den Quirlen des Handrührgeräts schaumig schlagen. Die Eier nacheinander dazugeben und jeweils 1 Minute unterrühren. Die Masse nach dem zweiten Ei so lange weiterschlagen, bis sie aufhellt und luftig wird.

2. Das Mehl mit 1 TL Backpulver mischen und die Mischung im Wechsel mit der Buttermilch unter die Eiermasse rühren.

3. Die Kastenform mit Butter einfetten. 100 g Kuvertüre fein hacken und mit den Pistazien unter den Rührteig rühren. Den Teig in die Form geben und im Ofen 40 Minuten backen, dann die Stäbchenprobe machen.

4. Die restliche Kuvertüre in einer Schüssel über einem heißen Wasserbad zerlassen. Den Kuchen aus der Kastenform lösen und auf einem Kuchengitter mit der flüssigen Kuvertüre bestreichen. Die Kuvertüre antrocknen lassen und mit dem Backkakao bestreuen.

## VARIANTE

Anstelle der weißen Kuvertüre können Sie den Kuchen auch mit Zartbitterschokolade überziehen oder ein wenig gesüßtes Erdbeer- oder Himbeerkompott dazu servieren.

# SCHOKOLADIGE BOHNEN-BROWNIES

**CA. 16 STÜCKE**  **1 STD.**

Sie haben noch eine Dose schwarze Bohnen im Vorratsschrank? Dann vergessen Sie Chili con Carne – das werden die vermutlich besten Brownies der Welt.

## ZUTATEN

150 g Zartbitter-Schokolade

125 g Butter

1 Dose schwarze Bohnen

50 g gemahlene Mandeln

2 EL Kakaopulver

½ TL Backpulver

3 Eier (Größe M)

125 g Zucker

1 Prise Salz

50 g weiße Kuvertüre

### AUSSERDEM

quadratische Springform (ca. 24 x 24 cm)

Fett und gemahlene Mandeln für die Form

## ZUBEREITUNG

1. Den Backofen auf 175 °C (Ober-/Unterhitze) vorheizen. Die Springform fetten und mit Mandeln ausstreuen. Die dunkle Schokolade hacken und zusammen mit der Butter in einer Schüssel im warmen Wasserbad schmelzen. Danach etwas abkühlen lassen.

2. Die Bohnen abgießen, kalt abspülen und gut abtropfen lassen. Mit einem Stabmixer fein pürieren. Die Mandeln mit Kakao und Backpulver mischen. Die Eier mit Zucker und Salz mit dem Schneebesen des Handrührgeräts ca. 5 Minuten dick-cremig aufschlagen. Die Schokoladenmasse langsam einlaufen lassen, unterrühren. Das Bohnenpüree unterrühren. Den Mandel-Mix zugeben, kurz unterrühren, bis alles gerade so verbunden ist.

3. Den Teig in die vorbereitete Form geben. Die Brownies im heißen Ofen ca. 30–40 Minuten backen, sodass sie in der Mitte noch leicht feucht sind. In der Form auf einem Kuchengitter auskühlen lassen. Die weiße Kuvertüre grob hacken und über einem Wasserbad schmelzen. Mit Hilfe eines Teelöffels in Streifen über die Brownies ziehen. Trocknen lassen.

# BANANEN-SCHOKO-MUFFINS

**12 MUFFINS** **30 MIN.**

Schokolade und Banane – ein unschlagbares Duo für kleine und große Genießer.

## ZUTATEN

125 g Butter

2 Eier (Größe M)

50 g Zucker

2 Pck Vanillezucker

3 sehr reife Bananen

100 ml Milch

150 g Zartbitterschokolade

250 g Weizenmehl

1 TL Backpulver

Salz

### AUSSERDEM:

1 Muffinblech

Förmchen

## ZUBEREITUNG

1. Den Ofen auf 170 °C (Ober-/Unterhitze) vorheizen. Die Butter schmelzen. Die Eier mit dem Zucker und Vanillezucker schaumig schlagen. Die Bananen schälen, zerdrücken und zu den Eiern geben.

2. Die Milch mit der Butter verrühren und ebenfalls zu den Eiern geben. Die Schokolade klein schneiden. Mehl, Backpulver und 1 Prise Salz nun langsam unter die Eimasse heben, nicht mehr rühren. Zum Schluss die Schokolade unter den Teig heben und den Teig in die Muffinförmchen füllen. Etwa 20 Minuten auf der mittleren Schiene backen.

# IMPRESSUM

Bibliografische Information der Deutschen Bibliothek.

Die Deutsche Bibliothek verzeichnet diese Publikation in der Deutschen Nationalbibliografie. Detaillierte bibliografische Daten sind im Internet über http://www.dnb.de/ abrufbar.

Alle in diesem Buch veröffentlichten Abbildungen sind urheberrechtlich geschützt und dürfen nur mit ausdrücklicher schriftlicher Genehmigung des Verlags gewerblich genutzt werden. Eine Vervielfältigung oder Verbreitung der Inhalte des Buchs ist untersagt und wird zivil- und strafrechtlich verfolgt. Das gilt insbesondere für Vervielfältigungen, Übersetzungen, Mikroverfilmungen und die Einspeicherung und Verarbeitung in ELektronischen Systemen.

Die im Buch veröffentlichten Aussagen und Ratschläge wurden von Verfasser und Verlag sorgfältig erarbeitet und geprüft. Eine Garantie für das Gelingen kann jedoch nicht übernommen werden, ebenso ist die Haftung des Verfassers bzw. des Verlags und seiner Beauftragten für Personen-, Sach- und Vermögensschäden ausgeschlossen.

Bei der Verwendung im Unterricht ist auf dieses Buch hinzuweisen.

EIN BUCH DER EDITION MICHAEL FISCHER

1. Auflage 2020

© 2020 Edition Michael Fischer GmbH, Donnersbergstr. 7, 86859 Igling
Covergestaltung und Layout: Celina Reiser
Produktmanagement und Redaktion: Franziska Pfister
Rezepte: Sabrina Sue Daniels (S. 44, 56, 68); Rose Marie Donhauser (S. 34, 42, 50, 54, 62, 74, 84); Gabriele Gugetzer (S.32, 90); Anne Iburg (S. 20, 22, 30, 40, 46, 64, 70, 72, 76, 78, 82); Daniel Kauth (S. 24, 32, 48, 52, 60); Zora Klipp (S. 66, 94); Jessica Lerchenmüller (S. 28); Inga Pfannebecker (S. 38, 80, 86, 92); Dagmar Reichel (S. 26, 88); Christina Wiedemann (S. 58)
Bildnachweis: © Anna Hoychuk/Shutterstock (S. 16); Nadja Buchzcik (S. 59); Tina Bumann (S. 35, 43, 75); Sabrina Sue Daniels (S. 27, 45, 57, 69, 89); © elenabsl/Shutterstock (S. 8–9); © kasarp studio/Shutterstock (S. 3), Klara & Ida (S. 39, 91, 87, 93); © OlesyaSH/Shutterstock (S. 14–15); Claudia Schaumann (S. 67, 95); Guido Schmelich (S. 55, 62, 85); Claudia Timmann (S. 21, 23, 33, 41, 65, 71, 73, 77, 79, 83); Annamaria Zinnau (S. 25, 33, 49, 53, 61), weitere Illustrationen: © Nic PM/Shutterstock (U2, U3), The Noun Project (Bakterien, Viren)

ISBN 978-3-7459-0198-6

Gedruckt bei Firmengruppe APPL, aprinta druck GmbH, Senefelderstraße 3-11, 86650 Wemding

www.emf-verlag.de